JN037870

夫婦の壁

黒川伊保子
Kurokawa Ihoko

小学館新書

はじめに　～結婚は恋愛の墓場である

「結婚は恋愛の墓場である」ということばがある。19世紀のフランスの詩人シャルル＝ピエール・ボードレールが残したとされる格言だが、出自を知らなくても、見聞きしたことのある人は多いのではないだろうか。

１００年をはるかに超えて、パリから遠く離れた、東の果ての島国の人たちまでがこのことばを知る理由は、これが「真実」だからじゃないだろうか。

私の研究《脳の機能分析》に照らすと、それを科学で証明することができる。そう、この格言は、「夫婦というシステム」をズバリ言い当てている。本当に、結婚は恋愛の墓場なのだ。でもね、その墓場は、そんなに悪いものじゃない。

夫婦道のゴール

そもそも、恋愛は永遠じゃない。脳に備わっている生殖の仕組みから言って、恋愛感情は、必ず死ぬ。だって、最初にうっかり発情した相手に、一生涯ロックオンしてしまったら、「よりよい遺伝子配合の相手」を厳選できないでしょう？　遺伝子を残せない事態だってありうる。もしも、すべての恋の魔法が解けなかったら、人類の生殖は今ほどうまくいかず、おそらく21世紀を待たずに絶滅してしまっていただろう。地球上の生態システムは、本当によくできていて、そんな手抜かりは考えられない。しかるに、恋愛は、一定期間を過ぎたら、その魔法が解けるように作られているのである。

もちろん、中には、ずーっと愛し続けるように見えるカップルもいる。動物行動学の竹内久美子先生によれば、「動物のメスは、つがったオスよりも免疫力の低いオスにはなびかない」そうで、相手の免疫力が圧倒的に高ければ、そんなこともあるかもしれない。とはいえ、長い人生、急に免疫力が弱ることもある。年を重ねてくれば、誰でも弱る。どんなカップルだって、「いわゆる恋愛」の輝きはいつか消えて、それがしみじみした情に代わっているはず。

そう、恋愛は、やっぱり死ぬのだと思う。

だとしたら、跡形もなくなるよりは、墓場があったほうがよくない？　墓場だって、立派なふたりの居場所だ。ぬくぬくとして、しみじみとした居場所が作れたら、それが夫婦道のゴールだと思う。

夫婦の壁

さて、そんなふたりに立ちはだかるのが、夫婦の壁である。

発情し合ったふたりは、感性真逆の相手だからだ。

感性がまったく違うふたりがつがえば、より豊かな遺伝子の組み合わせを残せるからね。

寒がりと暑がりが生殖すれば、子孫に、寒さに強い遺伝子と、暑さに強い遺伝子が混じることになる。やがて地球が温暖化しようと寒冷化しようと、遺伝子が残る。かくして、夫婦のエアコンの快適温度は、たいてい一致しないのである。

旅に出るとなれば、片方が綿密に計画を練りたがり、片方は、行きあたりばったりの旅を楽しみたがる。そもそも荷物だって、片方は早々と詰め始めるのに、もう片方は、出発の朝になって「○○がない」なんて言い出す始末。

そして、とっさに使う思考回路も、真逆になりがち。「ことのいきさつ」や「気持ち」にこだわり共感してほしい側と、「結果」や「ことの是非」にこだわり問題点を指摘してやりたい側に分かれてしまうのである。当然、片方は「気持ち」や「愛」の話をしているのに、もう片方は「事実」や「正義」について話すことになる。

優しい慰めを期待して言った「ひどいと思わない?」に、「きみも、NOって言えばよかったんだよ」「相手の立場になってみればいい。一理あるだろ」なんて返ってくるのは、世界中の「夫婦あるある」である。

脳の生殖戦略

先日、同居している我が家の初孫が、突発性発疹を発症した。1歳前後で多くの子がかかる病気なのだが、鼻水も咳も下痢もないのにいきなり高熱が出るので(発疹は2~3日後)、大人たちをうんと不安にさせる病気なのだ。

不安に駆られた私と息子のおよめちゃんは、「お母さん、ゆうべどんな様子だった?」「普通だったよ、ミルクもよく飲んだし」、「さっき、ご飯はちゃんと食べた?」「うん、よく食べた」などと、こまごま思い出して、原因を探ろうとしていた。そのわきで、息子と夫が「体温計はどこだ?」「お前たちはだらしないから、こういうときに探せない」と騒ぐので、およめちゃんと私が同時に「うるさい。少し黙ってて!」と遮った。

「熱があるのは触ればわかるんだから……おそらく38・5度くらい(これは実際、当たっていた)。原因究明が先でしょ」と主張する女性陣と、「いやいや、熱の高さを把握しないと次の行動が決まらない」と主張する男性陣。彼らは、救急車も想定していたようだ。

こういうとき、とっさに分かれるふたりが夫婦なんだなと、改めて痛感した出来事だった。たしかに深刻な命の現場では、どちらのセンスも揃わないと命を救えない。患者の容体を見つめて寄り添う人と、血を止めたり、酸素吸入をする人と。

夫婦は、きっと鉄壁のペアなのである。

だけど、腹が立つ。

感じ方も考え方も行動も真逆なので、イラつき合う。

せめてイラつかなかったら、夫婦間はもっと安らかなのに……と思うけれど、否、イラつくことも、実は、大事な演算の一部なのだ。夫婦というシステムの想定内なのだった（！）。

もしもスパイロボットを作るとしたら

もう十数年も前のこと。スパイ映画を見ていて、やがてスパイもＡＩにとって代わられる、と、思いついた。

そこで、スパイロボットの設計を妄想してみた。

スパイロボットは、遠くから跳んでくるドローンも、目の前のトラップ（罠）も素早く認知しなければならない。つまり、遠近全方位を感知するセンサーを搭載する必要がある。

しかしながら、遠くの動くものに瞬時に照準が合うセンサーと、近くを満遍なく感知するセンサーを同じ優先順位で稼働させると、行動判断に支障が生じてしまう。ドローンに対応すべきか、トラップに対応すべきか、とっさに選べずフリーズしてしまうからだ。

ロボットの頭脳部はいくつでも答えを出せるが、ボディは1体なので、とっさには「1つの言動」しか選べない。このため、全機能搭載型でありながら、とっさの優先側は、どちらかに決めておかなければ危ない。

そのうえで、死角をなくすために、とっさの優先側が違う者同士がペアでミッションに就くのが一番なのだ。感性の違う2体がペアを組めば、「とっさ」という短い時間で、全方位のチェックが終わることになる。

「遠く」と「近く」をわけ合うふたり

これって実は、人類の男女の組み合わせと一緒なのである。男性の多くが「遠く&動くもの」派。とっさに、目の前の止まっているものが目に入らない。

トイレに立ったついでに、飲み終わったビールのコップを片づけてくれれば、すごく楽なのに。お風呂に立ったついでに、さっき脱いだシャツを持っていってくれれば、めちゃ助かるのに。何度もそうお願いしている妻の目の前で、ビールのコップは置きっぱなし、シャツは脱ぎっぱなし……そんなこと日常茶飯事だ。理由は、まったく見えないから。なにせ、何万年も狩りをしながら進化してきた脳なので、「遠くの目標に照準を合わせてしまったら、目の前のものは一切目に入らないように、脳が制御している」のである。「あの獲物を仕留めよう」と目論んだその瞬間は、目の前のイチゴに気を取られるわけにはいかないからだ。たとえ、野イチゴが、妻の好物であっても。

一方、多くの女性は、目の前のものをつぶさに感知して、次々と処理していく。トイレに行って戻ってきただけで、コップは片づくわ、芳香剤の残量はチェックされてるわ、乾いた傘はたたまれてるわ、テーブルは拭き清められているわ、となるのである。

このふたり、平和なときには、めちゃムカつき合う。とはいえ、もしも、小さき愛しき者に危険がせまったなら、片方は、向こうから飛んでくるものをいち早く迎撃し、片方は、一瞬たりとも大切な者から意識を離さず守り抜く。夫婦とは、そういう「生き残るためのセット」なのだった。「平和に愛し合うためのセット」なんかじゃなくて。

「憎しみ合う」のも重要なセキュリティシステム

話をスパイロボットに戻そう。

さて、2体の判断が「右に行く」と「左に行く」に分かれたときは、どうするのか。

こういうときのために、互いに「惚れ合っている」という状態にし、それぞれに「自分が正しくて、相手が愚かだ」と思い込ませておく必要がある。そうすれば、意見が真逆になったとき、惚れた相手を正しいほう(自分の選択)に連れ込もうとして、激しく言い争うことになるから。そうして、意志が強いほう、または情報量(経験知)の多いほうが勝つ。

しかしながら、それらが拮抗して折り合いがつかない場合もある。当然、喧嘩が長引くと危ないので、スパイロボットには最後の仕掛けが要る。「憎しみ合う」プログラムである。喧嘩のボルテージがある程度以上になるか長引くかしたら、憎しみ合って、弾けるように右と左に分かれることが次善策だ。そうすれば、どちらかが生き残って、残りのミッションが果たせるからだ。1体の完全体よりも、2体の「違うもの」ペアのほうがはるかに秀逸なのが、わかっていただけたと思う。混乱の中で、2つの可能性に向かって、躊躇なく進めるのだもの。

感性真逆の2体がペアになり、惚れ合いながらも喧嘩しながらミッションをクリアして、折り合いがつかなくなったら、憎しみ合って別れる。そう、これこそが、命がけの迷路で、ミッションをクリアするための最高のプログラムなのである。どんなに考えても、それ以上の仕組みを、私は考え付くことができなかった。

そして、まさに、そのシステムを、人類は長いこと遂行してきたことになる。

夫婦の壁の真実

とっさにイラつくことも、言い争うことも、憎しみ合うことも、生殖と生存の戦略の一環だったとは……！　実際、「とっさの判断」が二手に分かれたとき、ふたりが譲り合っていたら危ない。「あなたの言うほうでいいわ」「いや、きみのほうがいつも正しいじゃないか」なんていちゃついていたら、敵に追いつかれてしまう。

何度も言うけど、夫婦は「生き残るためのセット」なのだ。「わかり合うためのセット」なんかじゃなくて。

自然界の神が、夫婦にもたらした崇高なプログラムこそが、夫婦の壁なのである。私たちは、一夫一婦制を貫いて共に生きるのなら、この夫婦の壁を乗り越えて、「しみじみと、ふんわりと寄り添える」関係を構築しなければならない。

私は、この壁を超えるために、いくつもの本を書いてきた（『夫婦脳』、『妻のトリセツ』『夫のトリセツ』そして『夫婦のトリセツ決定版』などなど）。

そして、ここに、もう一冊、夫婦の壁を乗り越える（ぶち壊す）本をお届けする。この本は、現実の夫婦たちの相談にお答えするかたちで、具体的なノウハウをお伝えする本である。

ページを読み進めると、生々しい夫婦の壁がいくつも立ちはだかる。それに、私の脳科学がどこまで立ち向かえるのか……とくとご覧くださいませ。

◆「男性脳」「女性脳」について

本書の中で多用する、男性脳・女性脳ということばについて、ご説明しておこうと思います。

男女の脳は、同じ機能を有しています。男性にしかない機能ブロックや、女性にしかない機能ブロックはありません。同じ器官で構成された脳であり、機能の取り揃えはまったく同じ。ともに完全体です。そういう意味では、男女の脳は違いません。意図的に行うこと、たとえば、職業能力などにおいて、互いにまったくそん色はありません。

しかしながら、脳には「とっさに優先して使う神経回路」があり、その「優先回路」に性差傾向が見られます。つまり、とっさに選択される回路が違うのです。たとえば、トラブルが生じたとき、「ことのなりゆき」を解析して、根本原因に触れようとする人と、「今できること」に集中して、危機回避をはかる人がいます。前者は女性に多く、後者は男性に多いのです。

あるいは、何かの気配を感じて緊張したとき、「広い範囲に目を走らせて、動くものに瞬時に照準を合わせる」人と、「近くを万遍なく見て、大切なものから意識をそらさない」人がいます。前者は男性に多く、後者は女性に多いのです。

いずれも、それぞれの脳が、生殖の使命を果たすために優先すべき回路なのでしょう。人類の男女は、互いに別々の「優先回路」を選択することによって、互いを守り合い、子どもを無事に育て上げてきたのです。

「優先回路」の存在と、その性差傾向は人工知能開発の現場で発見され、2013年には、ペンシルベニア大学の研究グループが男女の脳の神経信号特性を可視化して発表しています。このような「とっさの優先回路の類型」を、私は便宜上、「男性脳」「女性脳」と呼んでいます。

ただし、脳の感性傾向には100％というのはありません。環境が逆転してしまったとき、絶滅する恐れがあるからなのだと思います。このため、男性ながら女性脳型、女性ながら男性脳型で生まれてくる人もいて、古代から脳の有用なバリエーションの一つとして、人類の発想力の一翼を担ってきました。また、生きる環境によって、生来の優先側とは違う側を使う人もいます。いずれも、脳の正しい使い方です。私は典型的な男女の脳の使い方を論じますが、けっして他の使い方を否定する立場ではありません。

人は自分と違う言動をとる相手にイラつき、愚かだと思い込む癖があります。「誰もが同じ脳を持っている」と信じ込んでいるから。「自分ならこうする」のに、そうしてくれない相手は不誠実だと断じてしまうのです。「みんな同じ」と括ることは、ときに危険なのです。

私が提唱する感性コミュニケーションでは、「脳がとっさにすること」にはバリエーションがあり、男女は対極の使い方をしがちであると知ることを推奨しています。男女の深い相互理解は、そこからしか始まりません。

夫婦の壁　目次

第四章 ● 膨大なふたり時間はかなり危険「定年の壁」……165

初出・ウェブメディア「8760 by postseven」(2021年4月～2022年8月)
書籍化にあたり、大幅に加筆、修正しました。

第一章

夫婦の時間が増えて顕在化した「在宅の壁」

2019年末、人類はかつてない大きな混乱に巻き込まれた。いわずと知れたコロナ禍である。日本で最初の緊急事態宣言が発令された2020年4月7日は、忘れもしない、我が家の新居への引っ越しの日で、町中が静まり返る中、息をひそめるようにして荷物を運んだことを覚えている。あんな日に外を出歩くなんて、罪人としか思えなかったから。

それから3年間、日本中の夫婦が、「在宅の壁」にぶつかることになってしまった。夫婦が24時間、家に閉じ込められて、どこへも出かけられなくなってしまったのだ。そうなってみて初めて、思いのほか伴侶がイラつく存在だったのを知った。そんな人も多かったと思う。

長い長い人類の歴史の中で、夫婦なんて、そんなに四六時中一緒にいられるペアじゃなかった。何万年も、男たちは狩りに出て大地を駆け巡り、女たちは植物の採取や子育てで忙しかった。大多数の夫婦が家に閉じ込められて、ずっと鼻突き合わせて暮らすなんて、人類史上初の出来事である。

しかも、「はじめに」で述べたように、そもそも夫婦は、仲よく暮らすのには向いていていない。イラつき合うことで、子孫と互いの生存可能性を上げるプログラムが働いているからだ。24時間一緒にいるのは、かなり危険なことなのである。かくしてコロナ禍に、「在宅」が心を隔てる壁として、夫婦の間に大きく立ちふさがった。

2023年5月、新型コロナウイルス感染症は5類に格下げになり、人々は、以前のように出歩けるようになった。

とはいえ、ワークライフバランスは、以前のようには戻らない。リモート会議も当たり前のビジネス・アイテムになっており、ビジネスパーソンの出張回数も格段に減っている。ことあるごとに飲み会を企画する習慣も消えてしまって（そのほうが快適なこともわかってしまって）、夫婦の在宅時間が増えている。

さらに！

これからは、本格的な人工知能時代に突入する。ChatGPTに代表される生成AIの登場が、その幕開けを告げた。ここから、人々の働き方はがらりと変わる。オフィスワークの大半がAIに呑み込まれ、人間はAIのサポートを得て、自由に動けるようになる。ビジネスパーソンは、社屋という入れ物に、まったくこだわらなくてよくなるはずだ。

というわけで、多くの夫婦に降りかかった「夫婦で在宅」という災難。コロナ禍が過去のことになっても、もう目を背けることはできないのである。

この章では、コロナ禍で表面化した「在宅の壁」にかかわるQ&Aをお届けしよう。相談は「コロナ禍で困ったこと」になってはいるけど、回答は、普遍の真理（永遠の夫婦の壁）を語っている。

ケース1　話が通じない夫にイライラする

相談　話をしても〝無視〟する夫にイライラ……聞いてもらうには？

「これまでは朝早く仕事に行って、夜は遅くに帰っていた夫がコロナ禍で在宅勤務になって、平日も休日も1日中家にいます。気になるのは、私が話をしているときの夫の態度です。私がその日にあったテレビの話や電話で話した友だちの話をしても、ただぼ〜っと聞いているだけで、ほとんどリアクションをしてくれません。一緒にいる時間が増えて夫の態度が気になってイライラします。どうしたらいいでしょうか？」（50歳・専業主婦）

回答　夫と気持ちよく話すための3つのルール

コロナ禍で、夫と一緒にいる時間が増えたことで、こうした悩みを持つ妻の話はよく聞きます。実は、男女は、四六時中一緒に過ごすのに向いていない「脳の組み合わせ」。夫が四六時中、家にいるのでは、イライラする場面が増えるのは当然です。

男性脳にとって、おしゃべりは危険なもの

解決法の話をする前に、そもそも一般的な男性脳は、「いきなり話しかけられても、音声認識できない（相手の声が「ことば」に聞こえない）」「結論がわからない話が2分以上続くと、音声認識機能が停止してしまう（相手の声がモスキート音のように聞こえてしまう）」ということを知っていただかないといけません。つまり、話が聞こえているのに、あえて無視しているのではないのです。女性には想像もつかないけれど、脳が勝手に「おしゃべり機能」を停止してしまうわけ。

なぜだと思いますか？　実は理由は明確。男性脳にとって、「おしゃべりは危険だから」です。

男性たちは、何万年も狩りと縄張り争いをしてきました。哺乳類のオスの宿命ですから。狩りの現場では、「互いの気持ちにこだわり、共感して気づく」脳神経回路よりも、「目の前の事実にこだわり、問題点を即座に見つけ出し、さっさと動く」脳神経回路を優先して使う男子のほうが、圧倒的に命を長らえやすい。結果、このタイプの脳の持ち主が多くの

子孫を残してきたのでしょう。狩りが日常でなくなった現代でも、男性の多くは、狩り仕様の脳の使い方をします。

森や荒野を行く狩人は、沈黙で、身を守ってきました。風や水の音の微かな変化も、獣の気配も聞き逃すわけにはいかないので。そんな「命がけで耳を澄ます」狩人の隣に、べらべらしゃべる人がいたら、どうなるでしょうか？　生命の危険さえ感じるはずです。

そう。狩り仕様の脳の持ち主にとって、沈黙は生存可能性を上げる基本動作であり、脳がことさら心地いいのです。だから、ストレスフルなとき、男性たちは、いったん黙って耐えたいのです。悲しいときも、苦しいときも、まずは黙って耐える。女性からしたら、なんとも水くさいし、頑固だと感じるその方法こそが、脳が最大限に活性化する手段なのです。逆に言えば、私たち女性が「話を聞いてあげよう」として、男たちに根掘り葉掘り質問することは、あまりに残酷。目的のわからない、長々としたおしゃべりも、かなりのストレスとなります。

女性にとって、おしゃべりは生きる手段

一方、女性脳は、子育てをしながら進化してきました。こちらは、共感力の高さこそが、生存可能性をあげる鍵となります。互いに「日々の出来事」を語り合って、子育ての知恵を増やせるからです。また、人工栄養のない時代には、女同士共感しあって連携し、おっぱいを融通し合う必要もありました。

女性は、おしゃべりと共感こそが、生存可能性をあげる手段であり、心地いいのです。逆に、沈黙や、共感のない会話はかなりのストレスとなります。

こういう真逆センスの持ち主同士が、会話をしているのですから、素のままではうまくいくわけがない。なんらかの工夫は必要になるわけですね。

夫に「悪気はない」

会話そのものの進め方も、センスが大きく違います。女性の好みは、共感の会話。「いいね」や「わかる」で柔和に受け止めてもらい、なんなら相手の気持ちも聴かせてもらっ

て、心通わせたいのです。しかし、男性は、情報収集と問題解決のために話を聞いています。このため、「心に浮かんだこと」を伝えても、何を言っているのかわからないってことも。

たとえば、「今日、上司に、こんなこと言われちゃって。むかつくわ〜」と話したときも、女性の望む返答は「わかるよ〜。それは傷つくよね」という共感やいたわりなのに、「きみも、早めにNOって言えばよかったんだよ」なんて言ったりして、妻を逆上させたりする。

女性脳は共感を望んでいるのに、男性脳は問題点の指摘から入る。「わかるよ」の代わりに「お前が悪い」と聞こえるような答えが返ってくるわけだから、妻はひどくがっかりするわけだけど、夫にしてみたら、妻を混乱からいち早く救ってあげたい一心。悪気はまったくないのです。それどころか、的確なアドバイスをしたと満足してるかも（苦笑）。

夫と気持ちよく話すための3つのルール

男性と気持ちよく会話するためには、戦略なしでは無理。そこで、夫を実験台にして、男性との対話術をマスターしてみませんか？

【1】3秒ルール

声をかけるとき、名前を呼んでから、本題に入るまで、2〜3秒の間を入れましょう。

何かに気を取られている男性脳は、音声認識機能停止中と心得てください。「あなた、映画のチケット、とってくれるって言ったよね。あれ、とってくれた？」みたいなフレーズをいきなりまくしたてると、男性脳は、音声認識に失敗して、「ホエホエホエホエ、ホエフェッホ〜？」みたいに聞こえているのです。したがって、「はぁ？」と聞き返されていや〜な感じになる。

これを避けるために、「あなた、《2〜3秒》、映画のチケット、とってくれるって言ったよね」のように、間を入れるのです。話始めがスムーズになり、イライラが減りますよ。

【2】結論から言う、数字を言う

男性脳は、目的のない話に弱いので、最初に、目的や結論を告げます。

また、数字を使うこともおすすめします。数字は、問題解決型の脳のカンフル剤。数字を入れると、意識が遠のく確率が減るからです。というわけで話の最初に、「お母様の七回忌について相談があるの。ポイントは3つ」のように導入します。

私は、自分の気持ちを語るときも、この手を使います。「これから、今日、私に起こった悲しい出来事を話してあげるね。あなたがするのは優しい共感。わかった?」

男性は「優しい共感」こそが問題解決の道だとわかれば、見事に共感してくれます。

【3】共感をルールにする

我が家では、最低限の共感を夫婦のルールにしています。「私がテンパってキーッとなったら、理由はどうであれ、夫は『大丈夫?』と言いながら私の背中を撫でる」というお約束。いつだったか、夫自身のことばで私がカチンときてキーッとなったとき、夫は何を思ったのか、とことこっとやってきて、「大丈夫?」って私の背中を撫でてくれました。「いやいや、だいじょばないよ。あなたのせいだし」と、心の中では思いましたが、ルールを切ないくらいに順守してくれる夫に、なんだか愛おしさを感じました。

男性は、ルール順守が好き。だから、ルールにしておく。

気持ちがないのに、いいのかって? これがけっこう大丈夫。人は案外、ことばだけでも、落ち着くもの。私のように、ルールを守ってくれること自体に愛しさが溢れることもありますしね。ぜひ試してみてください。

息子の共感力は母親にかかっている

ところで、小さな男の子は、ママにうんと優しいことばを言ってくれるのに、いつの間に、夫のようになってしまうのでしょうか。

実は、思春期に分泌を増やす、男性ホルモン「テストステロン」が、男性の脳を問題解決型に導いているのです。つまり、思春期を機に、夫のような脳に変わっていくわけ。

ただし、その前に、母と子の間で、十分に共感型の会話体験があると、男子は、大人になっても、韓流ドラマのイケメンたちのような優しい口を利いてくれるのです。ところが、日本の母親たちは、子どもに対して命令と指図と叱責しか言わないことが多いように感じます。「学校、どう?」「宿題したの?」「早く風呂に入りなさい」「さっさと食べて。あー、こぼした!」なんて具合。これは実は、問題解決型の対話です。

男性脳を育てるという意味では、それは惜しい気がします。子どもと、ほんわかした優しい会話を交わす。「花が咲いてるよ」「風が気持ちいいね」「全部食べたの。ありがとう、嬉しいわ」のように。駄々をこねたときも、「うるさい。言うこと聞かないと置いてくわよ」と言わずに「○○したいのよね。うんとわかる」と、せめて気持ちだけは受け止めてやる。

脳は、入力されなければ、出力できません。こういう優しい対話が入力されていれば、一生、女性との対話に困らない、モテ男子に育ちます。男の子をお育てのかたは、夫だけではなく、息子の対話力も気にしてあげましょう。

ケース2　私はあなたの家政婦じゃない

相談　なにかとこき使ってくる夫の意識を変えることはできる？

「夫が在宅勤務になってからというもの、『お茶淹れて』『昼飯まだ？』と何かにつけて私をこき使うので腹が立ちます。『私はあなたの家政婦じゃない！』と文句を言うと、『お前は俺の妻なんだからそれくらい当たり前だろ』と言われました。なんでもやってもらうの

が当たり前だと思っている夫の意識を変えることはできますか？」（52歳・専業主婦）

回答 言いなりにならない＆「家事の時間割表」を見せるべし

多くの男性たちは、妻が感じるほど、妻を下に見ているわけではありません。ただ、若き日の妻がいそいそとお茶を出してくれたので、それが当たり前だと思っているだけ。でも、だからこそ根が深いのです。この誤解をほどくには、まずは夫の言うことを聞かないことです。

以前、イタリア語の先生（イタリア人男性）に、「日本では夫が妻を『おーい』と呼びつけることがあって、妻にとってそれがストレスになる」と話をしたら、彼は理解不能という感じで、「イタリアではそもそも遠くから人を呼びつけない。たとえ、呼んだとしてもイタリアの女性は絶対に来ない」と首をかしげました。「お茶」と言えば、お茶を出してくれる日本の妻たちにも、彼はおおいに驚いていました。そもそもイタリアの家庭ではカフェを淹れるのは男性の役目。イタリア人女性に「Un caffè（コーヒー）」と声をかけたら、返事は「私も」か「今は要らないわ」のどちらかだとか。

いくら催促されても、家事で忙しくて聞こえなかったふりを

夫に「お茶」って言われたら、「私も〜」って無邪気に言ってみるといいかもしれません。あるいは、「はーい。手が空いたらね」とやんわり返事して、自分がお茶を飲むタイミングで一緒に淹れてあげれば？

いくら催促されても、家事で忙しくて聞こえなかったふりを無邪気に続ければ、さすがの夫も「自分で淹れたほうが早い」と気づくことでしょう。「お茶」の一言で、お茶が出てくるうちは、心を入れ替えることはありません。「お茶」に反応してしまう妻の側も、この件に加担しているのです。

家事を可視化してみる

夫が妻をこき使うもう1つの理由は、「主婦は暇」だと思っているからです。男性脳がとっさに使う脳神経回路は、目の前のことを綿密に見るようにはできていないのと、家事のようなマルチタスクを認知しにくいのです。このため、女性のやっていることを、たと

え目撃していても、正確に認知していないわけ。というわけで、妻の1日の時間割表を作って、夫に渡しましょう。手渡しだと果たし状みたいで穏便でないなら、冷蔵庫やリビングに貼りだしておくのも手。

たとえば、

9時：洗濯機を回しながら掃除、ゴミ出し
10時：洗濯物を干したらPTAのメール返信
11時：食材の買い出し、昼食準備

夫は妻がやっていることを正確に認知していないので、家事の仕事量をなめています。さらに、家事には期限がないから、いつでも手を止められると思っています。とんでもない、家事はジャグリング（＝3個以上のボトルや球を空中に投げながら、落とさずに回す芸）のようなもの。料理しながら、洗濯もして、ゴミもまとめて……と、いくつものタスクをぐるぐる回しているので、うっかり手を止めてしまうと、すべてのタイミングがくるって破綻してしまう。肉が固くなり、シャツがしわくちゃになり、ゴミは水漏れを起こす……みたいにね。そのことを、夫たちは知らないのです。まずは、知らせることがうんと大事。

「こんなにやることがあるので、9時から12時まではパンパンよ。お茶？　淹れるどころか飲む暇さえないわ。申し訳ないけど」——そんなふうに言われても、確かにな、と思わせる力が、可視化にはあります。めんどくさいとは思うけれど、1週間もすれば、一通りのルーチンが見えてくるはず。そうすれば、ちょっと違ってても、過去のを使いまわせるし。ぜひ、お試しください。

自分が何をしているか、口でも伝える

私は、夫と過ごす日は、朝食のときに「今日、私は洗濯しながら、エッセイを2本書いて、そのあと、ビーフシチューの仕込みをして、新聞紙をまとめて……」と自分がやることを細かく伝えます。さらに、各フェーズの終了時にも「今、洗濯が終わった。これからシチュー作るね」と報告。

会社では「ホウ・レン・ソウ」（報告・連絡・相談）を徹底して仕込まれます。チームワークにおいて、「他人の所作をあまり見ていない男性脳」たちは、ホウレンソウなしに

は動けないからです。家においても、男性脳相手にホウレンソウは大切です。報告、連絡をしておくと、「妻の大活躍」を把握しているので、ちょっとした頼み事＝「新聞紙がうまくまとめられないんだけど、手伝ってくれない？」にも、快く応えてくれます。

ところが、ホウレンソウなしで突然「新聞紙がうまくまとめられないんだけど、手伝ってくれない？」と頼んでも、「俺だって忙しいんだ」と返されてしまう羽目に。夫には妻の仕事を可視化して総量を理解させておき、ホウレンソウすることで理解度を高めておく。気軽に「お茶淹れて」なんて言われないための、そして、あわよくば手伝ってもらうための大事なコツです。

お互いに声をかけない時間を作る

実は、男性の側からも、「家で仕事をしていると、考え事をしている最中に、ちょっとした用事を頼まれる。仕事に集中できなくてつらい」という訴えを聞くようになりました。

在宅勤務が増えた今、男女ともに大切なことは、お互いの空間と時間を確保すること。空間をわけることはもちろんですが、何時から何時は話しかけないと決めておきましょう。

そうでないと、お互いのタスクに集中できません。

男性脳は考え事をするときに、空間認知の領域を使います。この領域を使うと、視線が遠くなるので、ぼんやりと宙を眺めることになる。女性からすると、ただぼーっとしているように見えるので、「あなた、宅配便、受け取りに出て」などと気軽に声をかけてしまいますが、思考が途切れて戦略がうまく組み立てられなくなってしまい、酷なのです。

互いに声をかけない時間を作ることは、男性にも女性にも大切なこと。「私もあなたの仕事を邪魔しないから、あなたも邪魔しないでね」と。それでも、声をかけてくる夫なら、夫の仕事中にわざとこき使ってみては？　仕事中に声をかけられるのが、どんなにつらいかよくわかるでしょう。それで怒る夫には、足でもくじいて家事ができないフリをしてみるとか。ときにはそんな戦略も必要かもしれませんね。

ケース3　家事負担の大きさをわかってくれない

相談　**夫が在宅勤務で家事の負担が増。夫に家事をやってもらいたい！**

「コロナ禍で私も夫も在宅勤務になり、食事の支度はもちろん、部屋も散らかるため家事が増えました。もともと、夫は家事をやってくれないタイプでしたが、1日中家にいるので少しはやってくれないと、私の負担ばかり増えて疲れ果ててしまいます。

私は仕事と家事をしているのに、夫は私がちょっと手伝いを頼んだだけでも、『仕事中だから無理』と言って聞いてくれません。家事をまったくやらない夫にやってもらうにはどうしたらいいでしょうか」（50歳・会社員）

回答　**家事の総体を知らせてから、分担を頼む**

このかたの夫は家事をなめていますね。まずは、家事の総体を、こと細かく知らせることが大事です。

たとえば、「洗濯」と一括りにするのではなく、「洗濯物を仕わけする」「洗濯機を回す」「干す」「取り込む」「洗剤の在庫管理」「洗剤を買う」といった具合に、やることを全部書き出してみましょう。ケース2で述べたように、その日の「家事の時間割表」を作って貼り出すのも、いいですよ。

実は、私も著書の執筆のために家事を細かく書き出したことがありますが、多すぎて掲載できませんでした。家事は、それくらい大変なことなんです。夫に家事の総体を知らせて、「そのうちのこれだけをあなたにやってもらいたい」と伝えてみましょう。

察して動くことができないのが男性脳

たとえば、150個あるうちのせめて30個を担当してほしいということがわかれば、夫は手伝ってくれる可能性が高まります。

男性脳は、全体像を把握し、そのうちのどれが自分のミッションであるかが、はっきりわかるとしっかりやります。ところが、「私はこんなに大変なのに、どうしてあなたは何もしてくれないの！」と感情論で迫っても、「俺も忙しい！」と返されてしまうのがオチ。

男性脳は、ことを「気持ち」では測らないので、数や正義で交渉するしかありません。「私も大変」を理解させるには、ときには破綻してみせることも大事です。どうにもお昼を作れなくて、「冷凍のグラタンあるからチンして食べて！　私はお昼抜くから」みたいにパニックになってみせるのです。で、もしも「お昼をいい加減にするのはだめじゃないか」なんて責められたら、こっちのもの。「そうなの。私もちゃんとしたい。ねぇ、週に2日でいいから、あなたがお昼の担当になってくれない？　冷凍ピザでも、レトルトでもいいから担当してほしい」と頼んでみましょう。

ネガティブなことを言われたら、イラついて反論するのではなく、「そうなの、困っちゃう。お願い、あなたもなんとかしてくれない？」と頼ります。私は、これを「頼り返しの術」と呼んでいます。

「お昼、何？」に妻は絶望する

家事が増えることは妻にとって大きな負担となりますが、ストレスの原因はタスクの量だけではありません。「お昼、何？」のように丸投げしてくることばにやられてしまうのです。「お昼なんか、当然、お前の仕事だ」という威圧を感じ、思いやりのかけらもないその態度に、絶望していきます。

さらに、こういう言い方をする夫は、昼食が出来上がって呼ばれてから、のうのうとリビングにやってくる。食器を運んだり、調味料を出したり、コップにお茶を注いだりすることもなく、黙って食べ始めます。妻を、社員食堂のスタッフほどにも認知していない。当然、妻の心の中で、愛情ポイントが消えていきます。毎日毎日、けっこうな量ポイントが失われていくのを、夫はまったく感知していない。私には、ホラー映画の始まりのシーンにしか思えません。くわばら、くわばら。

実際に食事を作るのが妻であったとしても、3回に1回くらいは、自発的に昼食に参加するのが共に暮らす大人のマナー。「今日、蕎麦はどう？　俺が茹でようか」「散歩がてら弁当買いに行くけど、お前は何がいい？」などと聞いてあげてほしいと思います。タスクそのものの軽減も重要ですが、もっと大事なのはことばです。

男性の「どうする？」は実はおもてなし

ただ、女性にも理解してほしいことがあります。女性からしたら本当に思いやりのカケラもない男性の行動ですが、これも脳が関係しています。

女性は、大切な友人が来てくれたときに、「何食べる？」とは言いません。「あなたに食べさせたいイタリアンがあるから、そこのランチに行かない？」と声をかけます。女性にとって、〝提案はおもてなし〟だからです。

ところが、男性にとっての提案は、自分の意見を相手に言って、相手が従うかどうかを確認する行為。ですから、「どうする？」「何にする？」と聞くこと（相手に全権を預けること）が、実は一番のおもてなしだと思っているのです。

つまり夫が「お昼、何？」と聞いてくるのは、本当は「きみが一番楽なやり方でいいよ」という意味。女性からするとそうは聞こえませんが、機嫌のいい女でいるためには、夫のことばを深読みしないというセンスも必要です。

ケース4　価値観の違いで亀裂

相談　コロナ禍でも外食したがる夫とその度にケンカ。価値観の違いはどうしたらいい？

「コロナ禍になってから夫婦の意見の食い違いが目立つようになりました。たとえば、私は『しっかり感染対策をして、外食はしたくない』と思うのですが、夫は『外食ぐらい大丈夫』と一緒に食べに行きたがります。その度に、言い合いになるので疲れます。コロナに対する価値観の違い、どうしたらいいのでしょうか。感染もしたくないし、ケンカもしたくないです」（52歳・パート）

回答　男性相手には、気持ちじゃなくて、リスクで説得を

男女間の価値観の違いは、気持ちで訴えても折り合いがつきません。女性同士なら、「どっちの気持ちがより強いか」で話し合えますが（「あなたがそんなに嫌なら、私が我慢するね」）、男性は「どっちの言い分が正しいか」でしか判断ができないので、気持ちの強弱では譲れないんです。

そこで、この論議を、「どちらが正しいか」に持ち込みます。それには、リスクの大きさを訴えることです。たとえば、男女間でよく起こる「トイレの便座」問題は、「いちいち下げたくない男性」と「下げておいてもらいたい女性」の対等のバトルではありません。便座が上がっていることに気づかないで座ってしまった場合のリスク（腰がはまって、痛めてしまうこともある）は、便座が下がっていることに気づかなかったときより、数千倍も大きい。だから、男性は、大切な女性を守るため、紳士としての常識で、便座を下ろさなければならないのです。

リスクは作ってでも言う

外食して感染症にかかる確率を仮に0・01％だとして、それを危険とみるか、バカバカしいとみるか、これは気持ちの問題です。だから、「外で食事した翌日、私は、不安で胃が痛くなる。頭で大丈夫だと思っても、痛くなる。しばらくしたら慣れると思うけど、今は、つらい思いをする私の思いを、しばらく尊重してもらえないかしら」のように、伝えるべきだと思います。「不安だからいや」「大丈夫だから行こう」を言い合っていても、埒があきません。不安を感じたことによって生じるリスクを明確にしなければ伝わらないんです。

女性は「身ごもって、産みだし、母乳を与える」性ですから、自分が安全でないと子孫が残せません。このため、生殖本能として、あらゆる危機に気づき、男性より強く怖がる傾向にあります。ただ、特に不安が強いかたは、免疫力が落ちていて感染しやすい傾向にあり、脳が警戒しているのかもしれません。脳は、潜在意識下で様々なことを感知しているので、その可能性は否めません。これを使って、「こんなに不安が強いなんて、免疫力が下がっているのかも。私を守ると思って、しばらく外食の話はしないで」と言ってみるのも手。

リスク論で納得してもらえなかったら、夫がなぜ外食をしたいのかを取材して、家の中で少しでも実現できるようにしてみたら？　家庭料理に飽きたのなら、今なら、外食レベルのお取り寄せも可能。おしゃれした妻を見たいというのなら、してあげましょうよ。

夫婦はどちらかに合わせるしかない

しかしながら、このご相談者の願いは、おそらく、夫に、自分の気持ちを汲んでもらうこと。「きみが嫌なら、止めようね」と言ってもらうことなのではないでしょうか——恋に落ちてすぐの、あの日のように。でもね、残念ながら、それは無理。人類の恋愛期間は、長くても3年。それが過ぎて、ふたりの脳が、生殖のペアとして生き残り戦略に入ると、ふたりは相手の人生資源(気持ち、時間、手間)を奪い合う関係になります。残念ながら、基本的に、夫婦の価値観を揃えることはできません。

アインシュタイン博士は、晩年、奥さんとうまくやるコツを聞かれて、こう話したそうです。「最初に妻が『これから、人生に係る大きなことはあなたが決めてね。日常の些細なことは私が決めるから』と言ったので、それに従った——ただ、不思議なことに、まだ一度も、僕が決めるべき人生の大きな決断がないんだ」。

アインシュタイン博士の妻の提案は、素晴らしい夫婦の法則だと思います! なんなら、アインシュタイン博士の相対性理論よりも、人類に必要な理念かも。

そう、夫婦で話し合って中庸の結論を出すことは不可能です。男と女では脳の感性が違うので、感性の部分では絶対に相手を理解できません。どちらかに合わせるしかないのです。

私の父の場合、「この家は母さんが幸せになる家だと決めたので、多少理不尽なことであっても母さんがよいほうを取る」と言っていました。

夫婦の価値観が違うときは、より影響を受けるほうに主導権を渡す

いずれにしても、夫婦で意見を揃えることはできないので、戦略を決めましょう。私の場合、夫婦で価値観が違ったときは、どちらが主導権を握るかを話し合います。

25年ほど前にマンションを購入したときは、東向きと南向きのどちらを選ぶかで意見が分かれましたが、家にいる時間が長い私の意見を優先してもらいました。近年、家を建てたときは、台所は私の意見、3階のベランダは夫の意見というように細かく譲り合いました。あくまでも、夫婦のどちらが、その件にこだわっているかを判断するのであって、「どちらの意見が正しいか」を論じるのではありません。脳が違えば正解が違うので、水

掛け論になりがちだからです。

「夫が決める」となったら、私はアドバイザーに徹します。逆もそうです。私に主導権をもらったのち、夫のアドバイスを取り入れているうちに、結果、夫の言うとおりになったこともしばしば。主導権をどちらにするかという問題と、どちらの意見が「正しいか」をごちゃまぜにして話し合うと、互いの尊厳を傷つけ合うことも。賢く乗り切ってください。

価値観を揃えることに気持ちを向けない

女性は、実を言えば結論よりも共感されることが大事。「きみの言う通りだね」と言ってもらえたら、事実（結論）が折半でも満足できるもの。質問の外食の件で言えば、「きみの不安はよくわかるよ。個室のある店を探すか、テイクアウトも調べてみるよ」なんて言ってくれれば、個室で外食、いやいやテラス席ならOK……なんて運びになるかも。

気持ちはしっかり受け止めて、ことの是非は、ことの是非で冷静に提案する。それこそが、上手な女性の扱い方なのですが、日本の男性の多くはそれをできません。

たとえば、イタリア人男性は、女性の話を聞くときに「Bene（いいね）」を多用するし、韓国人男性も「アラ（わかるよ）」「クレ（そうなんだね）」「クェンチャナ？（大丈夫？）」を多用します。言語特性の中に、「共感」が仕込まれているのです。日本男子も、もうすこし「いいね」と「わかる」を使ってくれたらいいのにね。

けれど、日本男子は、ある意味、誠実なのかも。「こいつ、だめだな」「この意見、ないよな」と思ったら、気持ちにだけ理解を示すなんて、嘘つきのような気がしているのだと思います。そんな正直者の日本の男性と一緒に生きていくと決めた以上、価値観を揃えることに気持ちを向けないこと。アインシュタイン夫妻のように、「決めるのは誰か」を決めていくしかないのです。

ただし、自分の意見が通った側が、相手のストレスを減少させるように努力するのは（外食しないと決めたら、外食の魅力を家の中に取り入れるとか）夫婦の思いやりというもの。がんばってみてください。

ケース5　夫婦の会話がない

相談　在宅勤務で過ごす時間が増えても会話は増えず……夫婦の会話を復活させるには？

「もともと夫婦の会話は少なく業務連絡程度でしたが、コロナ禍以前は夫の帰宅時間が遅かったこともあり、あまり気にしていませんでした。しかし、夫が在宅勤務になって一緒にいる時間が増えたのにもかかわらず、会話はまったく増えません。

このまま一生一緒に過ごすことを考えたらゾッとします。結婚して25年以上経つので、お互いに新鮮さはありませんが、夫婦の会話やコミュニケーションを復活させるにはどうしたらよいでしょうか」（55歳・専業主婦）

回答　夫婦円満の鍵は、沈黙

夫婦は、会話しないほうが平和なんです（微笑）。だって、互いの脳が、基本「反対側」を選ぶようになっているので、「しみじみとした共感」なんて、ほとんど起こりえないからです。

　というのも、夫婦は、互いの生存可能性を上げるために、とっさに、相手と違う行動を選択する傾向が強いからです。たとえば、大きな音が「バン！」と鳴ったら、どちらかが走り出し、どちらかがしゃがみ込む、のように。ふたりだけの関係性で言えば、「どうして、今、それをする!?」となってストレスなわけですが、システムとして見れば、そのほうが有利。行動のバリエーションが豊富なほど、この男女とその子孫が生き残る可能性は高いから。

　会話においてもそう。どちらかが共感型を選択すれば、どちらかが問題解決型を選択する傾向高し。共感してほしくて投げかけたことばに、「それっていつ？」「どうして、そんなことしたんだ？」なんて問い詰められて、あげく「きみも悪いよ」なんて言われたりして。

　これ、男女が逆転してもそうなるんです。珍しく夫が共感型を選んだら、いつもは共感型の妻がクールな問題解決型になったりして。妻も夫も、なかなか相手のことばに、「そうそう、わかる。ほんっと、あなたの言う通り」なんて言えない。また、ふたりの意見が一緒だったときも、「ほうら、私（俺）の言ったとおり」とダメ押しする感じになりがち。脳がとっさに反対の答を選ぼうとしている以上、夫婦の間に満ち足りた会話なんて、なかなかありえないわけです。それがわかっているから、多くの夫婦は、やがて対話をしなくなっていくのでしょうね。

「三角形」で会話を増やす

夫婦で対話をしたいのであれば、真っ向から向き合わないで、第三の対象について話すこと。「三角形」を作ることです。たとえば、ペットを飼う、一緒に植物を育てる、食べ歩き、山歩き……どんなことでもいいと思います。共通の趣味がないと、用事を頼んだり、都合を聞いたり、愚痴を言ったり、真っ向から向き合う話題ばかりになり、ギスギスしてきます。

ふたりで心惹かれているものがあれば、「今日、タマがね」とか「庭のバラがそろそろ咲きそうだよ」とか、互いを主語にしない会話が展開できて、意見の衝突が避けられます。

夫婦が互いに向き合うのではなく、対象（目標）に向かって一丸となる。そういう意味では、病気やトラブルなどでも功を奏することがあります。逆境のときは、夫婦って、案外絆が強いんですよね。とはいえ、意図的に対象を作るのなら、せっかくだから、嬉しいことや楽しいことを共有しましょうよ。野菜や花を育てる、日本中の城を見に行く、お遍路巡りをするなど、継続してシリーズ化できるものが、特におススメ。「これまでの成果」を思い出し合い、「これからどうするか」の希望を言い合えるので、単発イベントより話題が増えるからです。

男性脳は目標があると活性化するので、単純に旅行をするよりも「日本中の城を見に行く」という大目標があるほうが取り組みやすいものですし。ぜひ、夫婦で共有できることを探してください。

夫婦円満の本当のコツは「沈黙」

あるいは、「夫と対話がないのがさみしい」なんて言わずに、ことば少ない夫婦生活を、のんびり楽しんじゃってもいいのでは？

以前、夫婦円満のコツは、黙っていることなんだなぁと実感した出来事がありました。

ある日、新幹線に乗ったら、ツアー客ばかりの車両で、これはしまった、と思ったことがありました。きっと、おしゃべりがうるさくて、仕事もできないと。そうしたら、いつまでも静かなので、顔を上げてよくよく観察したら、参加者は70代くらいの上品なご夫婦ばかり。東京から名古屋までの間に、どの夫婦もほとんど会話はありません。それでも、お弁当が配られると、阿吽の呼吸で、夫が開けた蓋を妻が受け取って袋に入れたり、富士山が見えれば、「見てごらん」「きれいね」とささやき合ったり。夫婦円満旅のコツは、まさに沈黙なんだなと、教えてもらった瞬間でした。ですから、夫婦の会話がないことをそんなに悲しむ必要もないと思います。

そもそも男性は沈黙することで生存の可能性を高めてきた歴史があるため、黙っているほうが脳の快感度が高い生き物。だから、沈黙が心地いい相手ほど離れたくないというのが男性の気持ちなのです。

反対に、何万年も群れの中で子育てをしてきた女性は、共感し合えない人と共にいることに強いストレスを感じるので、女性脳のためにはおしゃべりは大切なことです。男と女、始終一緒にいるのには、本当に適さない組み合わせなんですね。

男の話も、案外長い？

実は時々、女性からこう質問されます。「男性上司の話が長く、止め処《ど》がない。止め方を教えてください」。

女性の話は、共感が目的なので、共感すれば着地できます。だから、上司の体験談に共感してしまう女性が多いのですが、これが仇になります。

男性の話は、うっかり共感したら、延々と長くなってしまうことが。男性脳が欲しいのは、共感ではなく、「勝利」や「成果」だからです。うっかり「わかります〜」と共感してしまうと、「いやいや、きみにわかっているわけないよ、僕のほうがすごいんだから」と感じて、どんどん話が長くなります。

男性の体験談には、「さしすせそ」を駆使すると効果的です。「さすがです」「知らなかった」「すごいわ」「世界一（展開例：こんなこと思いつくのは○○さんだけ）」「そうなんですね！」をうまく使うと、男性上司の話は確実に短くなりますよ。

たとえ「大変だったんだよ」という愚痴でも、「それをやり遂げたのは、さすがですね。

すごい」と受けます。男性の話には、愚痴のようでも、ちゃんと感心ポイントがあります。心を澄ませてちゃんと聞けば、演技なんかしなくても、これらのセリフが出てくるはず。夫の話が長いと感じたときも、ぜひ試してみてください。

ケース6 「お昼どうする?」には絶望しかない

相談 夫に「ご飯どうする?」と言われるのが本当にストレスです

「夫は、朝ご飯を食べている最中に『お昼どうする?』と聞いてくるなど、常に次の食事の話をしてきます。以前は我慢していましたが、コロナ禍でリモートワークになってから1日3食を一緒に食べるようになったので、『次は何食べる?』と聞かれると、1日中、食事のことばかり考えてしまいものすごくストレスを感じます。どうしたらよいのでしょうか」(51歳・主婦)

回答　妻に、食事の3時間以上前に、メニューを聞いてはいけない

朝ご飯が終わってすぐ、お昼ご飯の話をするのが耐えられない……このお悩みは、これまでは定年夫婦によくありがちだったのですが、リモートワークが増えた今、多くの妻が抱える悩みかもしれませんね。

「お昼どうする？」——これって、女性脳にとって、本当につらいことばなんです。男性脳の想像をはるかに超える多大なストレスです。

たとえば、お昼はチャーハンにするとしましょう。女性は、お昼の15分前に「チャーハンにしよう」と決めれば、ハムとレタスでもあればそれでチャチャッと作ることができます。ところが、朝の時点で「お昼はチャーハン」となったら、3時間以上にわたって、ずっとチャーハンのことが頭の隅にあります。洗濯機を回しながら「そうだ、冷凍のえびを解凍しておこう」と思いついてキッチンに出向き、階段を上がりながら「卵、足りるかな」などと考えてしまうのが、段取り上手な女性脳だからです。

脳の一部に常に常駐しているので、「お昼のことを3時間考えている」ことになり、と

ても高コストな思考になってしまいます。つらすぎます。

「ずっと考えなくていい」仕組みを作る

それを「シンキングコスト」といいますが、女性は食事に関するシンキングコストがとにかく高く、脳にとっては相当なストレス。そんなことを毎日やられたら、たまったものではありません！

そもそも、経験が増えるにつれ、女性脳は「あれこれ気づくこと」が増え、夫に言われなくても「あれ、やらなくちゃ」「これ、やっとかなきゃ」が「1日でこなせる量」を超えていきます。それこそが、主婦の最大の生活ストレスなのです。

女性にとって必要なのは、思いついたことを「ずっとは考えないようにすること」。

イタリアには、「明日できることを今日するな」ということわざがあります。まさにその通り。「あれ、やらなきゃ」と思いついても、それをずっと脳においておかずに、メモして忘れるようにしましょう。私は、「あとでやるリスト」を作って、自分にメールして、すべて忘れるように努力しています。

家族からの要望も、メールやLINEを使って入れておいてもらえれば、楽になります。家族がいつ入力しても、自分が見たいときに見ればいいので、シンキングコストが無駄に高くなりません。息子夫婦と同居している我が家では、家族のグループLINEを作って、皆で書き込むようにしています。主婦からの連絡事項や要望も、思いつく度に口にしていれば、家族のストレスになります。「キッチンスケールは、奥の棚に移したよ」とか「○○、買ってあるからね」のようなことは、LINEに書き込んでおしまい。口で伝えると、めんどくさそうにしていた息子たちも、LINEなら「おっけ〜」と軽やかな返事が返ってきます。

電子媒体が苦手なら、伝言ボードを置いたり、ふせん紙に書いて冷蔵庫に貼るようにしてはどうでしょうか。「ふと思いついた用事」は、伝言板を使う。これは、家族の日常ストレスを軽減して、円満に生きていく大きなコツと言えるかもしれません。

臨機応変な女性脳と定番が大好きな男性脳の違い

女性は臨機応変な生き物だから、食べたいものもその日の気温や湿度、体調などでも変わります。ところが、男性はカレー、生姜焼きなど決まったものを好む人が多いと思いませんか？

それは、男性脳にとっては定番が安心できるから。

古代から狩りをしてきた男性の脳は、遠くから飛んでくるものに瞬時に照準が合うように脳と眼球を制御していて、身の回りを定番で固めているほうが遠くに意識を集中できます。定番が少しでも変わると大きな事故につながる可能性もあるため、男性は無意識に定番を求めてしまいます。

義父は、昼は「蕎麦」と決めていましたが、男性がずっと同じ床屋に通うのも、同じ飲み屋に通うのも、定番が安心だからなのです。それを逆手にとって、食事のメニューも「金曜日は生姜焼き、土曜日はカレー」などと決めてしまっては？

すでに決まっていれば、夫に「次、何食べる？」と聞かれても、「金曜日はカレーの日よ」と考えずに答えられます。メニューを考える手間も省けるし、定番が大好きな男性にとっては安心感にもつながるので、週に何度かは定番メニューの日を決めてしまうと楽になりますよ。

ケース7　妻の仕事に理解がない

相談　家で仕事の電話をすると夫が不機嫌に。そんな態度にイラッ!

「うちは共働き夫婦です。コロナ禍をきっかけに双方の会社が時短営業やリモートワークを取り入れるようになったのですが、夫の前で仕事の電話をしたり、夫よりも仕事からの帰宅が遅くなることが増えたら夫が不機嫌に。私が仕事をすることに反対はしていませんが、コロナ前も私が会社での出来事を話すと不機嫌になることがありました。そんな夫の態度にイラッとします」(48歳・会社員)

回答　〝プライベートな時空〟にいる家族を緊張させてはいけない

これは、夫の無理解というより、妻の側のマナーの問題かもしれません。

家族がゆったりと寛いでいるリビングで、夫がいきなり仕事の電話をし始めたら、妻だって、子どもたちだって不快になるはず。寛いでいるとき、ヒトの脳神経系は〝油断している〟状態なので、緊張感のある電話対応が割り込むと、神経系が一気に緊張し、心拍数も上がります。無意識のうちに、相当なストレスを強いられます。夫であれ、妻であれ、「家族が寛いでいる時空」に、外部との緊張感のあるやり取りを持ち込むのは、マナー違反。子どもたちにも、かなりの神経系の害になります。勉強に集中できなかったり、就寝時に眠りにくくなったりすることも。

実はこのマナー違反、女性のほうが多いんです。女性脳はマルチタスク対応型なので、リビングで子どもの宿題を見ながらも、仕事の話もできる脳。このため、忙しいとついやってしまいがち。男性脳はマルチタスク非対応なので、家庭（リビング）に仕事を持ち込まない主義の男性も多く、パートナーにそれをされたら、ひどく脳が疲弊してしまいます。女性の何倍も不快なのです。脳の使い方から勘案するに、妻の就労にもろ手を挙げて賛成できない夫たちは、仕事で家事が疎かになるからなんていう公の理由よりも、スーツ姿や仕事口調で電話に出る妻に、ストレスを感じているのかもしれません。

もちろん、「リモートワークだから、しかたないでしょう!?」という気持ちはよくわか

ります が、まずは、プライベートな時空で油断している家族を、無駄に緊張させてはかわいそう、ということを腹に落としていただきたいのです。

男性脳にとってイレギュラーは女性脳の何倍もストレス

しかも、「太古の昔から、荒野に出て、危険察知をしながら進化してきた男性脳」にとって、「イレギュラーな事態」への神経系の反応は鋭くかつ強く、女性脳の何倍もストレスなのです。

「主婦が仕事をしているのが不快」なのではなく、自分の縄張りで安心して寛いでいるときに、「なんらかの外敵が飛び込んできて、本能的に身構えるストレス」に耐えきれないのです。思春期以降の息子さんがいらっしゃるなら、彼も同様です。

そのうえで、リモートワークを考えてみましょう。

携帯電話がない時代は、（一部の仕事を除いて）家に帰れば、仕事が飛び込んでくることはありませんでした。だから、自然に、家族を安心させてやることができたのです。

私の義父母は、腕のいい帽子職人で、家に工房がありましたが、工房を出たら、ふたりは仕事の話を一切しませんでした。仕事の関係者にお茶を出す場所と、家族がお茶を飲む場所も区別していました。

工房に座るとすっと背筋の伸びる義父でしたから（緊張系の交感神経が優位になるのが見ていてわかりました）、おそらく、「仕事の空間」と「家庭」をわけておかないと、安眠できなかったのだと思います。

仕事を家庭に持ち込むと、子どもの成績が下がる？

一般のオフィスワーカーにとってリモートワークの歴史はまだ浅く、公私の区別があいまいなままに、仕事を家庭に持ち込んでしまうケースも多発しています。特に主婦も兼任しているかたは、家事のマルチタスクの中に仕事を入れ込んで、まぜこぜにぶん回してしまうことも。夫は文句を言ってくれるからまだましですが、子どもは文句も言わずに、眠りが浅くなったりしているかもしれません。眠りが浅くなれば、免疫力が下がったり、成績が下がったり、背が伸び悩む可能性だってあります。心して、仕事と家庭が混じらないように区別する必要があります。

空間をわけられるなら、しっかりわけましょう。リビングなどの「家庭」空間には、仕事を持ち込まない覚悟で。リビングを使わざるを得ないときは、時間を厳守しましょう。ときには、街のリモートワークブースを上手に活用するのもいいと思います。

家族は空間だけではなく、時間もわける

リモートワークで、せっかく空間をわけても、「この麦茶、飲んでもいい？」「あれ、買っておいてくれる？」「ちょっとこれ、手伝って」「あとで、これしといて」などと、好きなときに声をかけてくる家族がいると、これもまた相当なストレスです。家族は、空間だけでなく、時間もわける必要がある。つまり「時空をわける」べきなのです。

リビングを居場所にする家族がいるのなら、リビングは、9時〜11時半、13時〜15時は立ち入り禁止、というように。家族は、それぞれに飲み物を確保して、自分の居場所に退去します。

個々の時間には、用事があったらSNSやメールで。コーヒーブレイクを一緒にすることにして、用事を頼みたかったら、そのときにします。こういう工夫が、家庭を守ること

になります。

行動計画の告知で不安を取り除いてあげる

妻の帰宅が遅くなって、夫が不機嫌になる。これは不満というより、不安なのかもしれません。台所を牛耳っている人がいないと、人って不安になるものなんです。

私は子どもが小さい頃に夫の両親と同居していた時期があります。私はけっこう料理が得意なんですが、同居中は台所を牛耳るお義母さんが夕方になっても帰って来ないと「夕飯どうなるの？」って不安になるんです（笑い）。「料理はお母さんが作るもの」と決めつけているからではなく、管理者がいないことの漠とした不安です。きっとこのかたの夫も、「夕飯どうなるの？」という不安があるんだと思いますよ。料理が苦手だったらものすごく不安でしょうね。「妻が働いているのが不満」というのとは、少し違うように思います。

解決策としては、遅くなる日は「今日の帰宅は19時30分頃だけど、お弁当買って帰るから安心して」などと情報を伝えてあげましょう。

「火曜と木曜は必ず早く帰る」など定番を決めておく

とにかく男性はイレギュラーに弱い。たとえば、週に一度しか残業しないという人でも、夫にとってはその一度が何曜日かわからないのが不安。ですから、「他の日は急に遅くなる日があるかもしれないけど火曜日と木曜日は必ず早く帰る」などと定番を決めておくと楽ですよ。少しずつ慣らしていけば、不在の日が増えても耐えられるようになります。

コロナ禍で、一気に進んだリモートワーク。イライラすることも増えたことでしょう。けれど、イライラは、話し合って収まるものではありません。イライラは、無意識に起こってしまう神経系の反応で、意図的に止めることはできないのです。仕組みやルールで、互いの神経系の反応を起こさないようにするしかありません。縄張り意識が強く、イレギュラーに弱くて、すぐに不安になる男性脳に、少しだけ妻が配慮してあげるといいですね。

第二章

だから夫婦はすれ違う「言葉の壁」

あらゆることに立ちふさがる、夫婦の感性真逆の法則。

実は、とっさの思考に使う脳神経回路も違う。人類がとっさに使う思考回路は2つ。「ことのいきさつを反芻して、気づきを起こそうとする共感型回路」と、「今できることに意識を集中して、さっさと動き出す問題解決型回路」である。これらは、同時には起動できないので、人は、とっさに、どちらかを起動することになる。

たとえば、幼い子どもが急に具合が悪くなったとき。

共感型回路を立ち上げた人は、「そういえば、ゆうべ……」「そういえば、おととい……」、そんなふうに記憶をさかのぼって、根本原因（病名）を探り当てる。

仕事でトラブルが起こったときも、「そういえば、前にも、同じようなことがあったよね。ほら」とか、「そういえば、1か月前、あの部長に私がこう言ったら、ああ言われて、あのとき、おかしいと思ったんだよね」のように言い出して、根本原因をつかむ。

一方、問題解決型回路を立ち上げた人は、「具合が悪いって？　熱あるの？《測ってみる》」「あの小児科、今日の午後やってたっけ《調べてみる》」のように目の前の事実（できれば数字）をつかんで、さっさと動きたい。こちらが気にするのは、とりあえず直接原因（熱）だけだ。仕事のトラブルでも、「契約書の不整合」のような直接原因に反応して、すぐに対応に走る。不整合に至った根本原因については、初動では意識しない。

どちらも危機対応に欠かせないセンスであり、夫婦が違う回路の使い手なら、非常に合理的だ。そして、ほとんどの夫婦が実際、違う回路を選び合うのである。


生殖期間中（50代半ばまで）は、妻のほとんどが共感型、夫のほとんどが問題解決型である。そのほうが、互いの生殖の役割にフィットしているから。身ごもって、生み出し、寄り添って育てるほうは、どうしたって「そういえば」を連発しないわけにはいかない。なにせ、1年も歩かず、2年近くもことばでの意思疎通がうまくいかない子を無事に育て上げなければならないのだもの。夫のほうは、社会的な動きが鈍る妻と子どもを守るために、いっそう狩り（仕事）の成果にこだわらなければならない。さっさと問題解決し続けなければならないのである。

50代半ば以降は、思考回路が逆転する夫婦もいるのだが、いずれにせよ、なぜか夫婦は、必ずすれ違うようにできている。どこまでも、生存のためのペアだからだろう。

共感型は、「そういえば」と過去や未来に自在に飛ぶ話法である。さらに、主観的かつ感情的だ。主観的なのは、自分の脳の中の記憶（経験知）の中に、答えを見つけに行くから。感情的なのは、この演算の最重要ファクターだ。「感情で記憶を想起すると、その記憶をリアルに再現する」からで、最初の体験で見ていなかったものにまで気づけるのである。話し相手が共感とねぎらいで聞いてくれれば、記憶の再現がスムーズで、すみやかに気づきを起こして着地できる。

ところが、問題解決型には、この話法が我慢できない。今目の前のことに集中したいのに、もう済んでしまった過去の出来事を、感情に任せて延々と話しまくったり、不確かな未来予測を披露したりして、手がつけられないからだ。しかたなく、相手の問題点をバシッと指摘して、この不毛な（と問題解決型には思える）長話に決着をつけようとする。

かくして、共感してほしい妻に、「きみも、こうすればよかったんだよ」なんてアドバイスしてくる夫、という構図が出来上がる。妻は「話を聞いてくれない」「気持ちをわかってくれない」と恨みを募らすわけだけど、夫は、愛する妻をいち早く混乱から救いたいだけ。夫は夫で、主観的で感情的な妻を、愚かで頭が悪いと思い込んでしまうことに。夫婦は、別々の思考回路を起動して、互いを守り合う鉄壁のペアなのに、話が絶望的にすれ違ってしまうのである。

この章では、そんなふたりの言葉の壁に切り込んでいこうと思う。

ケース8　なんでも否定してくる夫

相談　私の話にいつも否定から入る夫。「ノー」と言わせないためには？

「夫は私が何か言うと必ず否定から入ります。たとえば、『寒いね～』と言うと『そうかなぁ。別に寒くないけど』、『今晩はハンバーグでいいよね？』と言うと『いや、俺は焼き魚がいい』、『部屋に観葉植物が欲しいわ』と言うと『邪魔だから要らない』といった具合です。

いつも否定されるので話しかけるのも面倒だし、大事な相談も否定から入るので話が進みません。夫にノーと言わせないためには、どうしたらよいのでしょうか」（53歳・パート）

回答　人生のマナーが1つ、欠けている

このケース、夫に、「人生のマナー」が1つ、欠けてますね。家族が平常心あるいはポ

ジティブな気持ちで言ったことは、とりあえず「いいね」か「わかる」で受ける、という家族の法則。きっと、彼の母親が、これができなかった人なのではないでしょうか。

「寒いね〜」には、「そうだね。今日は昨日より風が冷たいね」みたいに言えばいい。あなたが寒いかどうかなんて、この際、誰も気にしちゃいないのに、自分の意見を正しく言おうとする夫。もはや、笑える。もしも、どうしても寒くないことを妻に主張したいのなら、「僕は感じないけど……大丈夫？　風邪ひいてない？」とか、心配してあげればいいのに。

また、妻としては、「ハンバーグでいいよね」というのは質問じゃなくて、共感や喜びの表明を期待したことば。「お、ハンバーグ！　今日はおろしポン酢にしようよ」とか「いいね！　ちょうど食べたかったんだ」とか、ポジティブな反応が返ってくれれば、心も通い合い、買い物や料理のストレスも半減するというもの。

夫たるもの、それでも焼き魚がよかったら、「いいね。きみのハンバーグおいしいし。けど、今日は焼き魚が食べたいなぁ」と言えばいい。相手の気持ちをありがたく受け止めたら、こちらの思いも無邪気に口にしていいのです。女性は、「気持ち」さえ快く受け止めてもらえたら、案外結果は気にしないものだから。

男性相手では「一推し提案」は危険

実は、問題解決型の脳は、「対案比較」で結論を出そうとする癖があります。ハンバーグと言われたら、つい対案を頭に浮かべてしまう。ビジネス提案で男性上司に「一番の推し」だけを提案すると、脳が別案をひねり出して、比較検討しようとします。男性相手では「一推し提案」は危険なのです。ビジネス提案では、〝やや劣って見える〟別案をつけて、比較検討させるのが賢い手なのです。

というわけで、夫に「ハンバーグでいいよね」と言うと、二重の間違いが起こります。そもそも質問じゃないし、別案もないのに、夫は本能的に対案を見つけてしまうから。

最初から、「今日はハンバーグよ！」と、嬉し気に告げればいいんです。こう宣言されると、よっぽど嫌じゃない限り、肯定してくれる。男性から見たら、質問されたから「焼き魚がいい」と答えたのに、「ハンバーグじゃダメなわけ？」と不機嫌になられて「?・?・?」状態。

男たちはよく、「女って、答えが決まっているのに質問してくるでしょう？　あれって何？」と私に質問してきます。「あ〜、それ質問じゃなくて、『いいね』って、背中を押してもらいたいんです」と答えてあげます。男たちの多くは、「女の質問は、ときに質問じゃない」のがわかってない！「なんでやらないの!?」とか「あなたってどうしてそうなの！」というセリフに、「いや、それがすごく忙しくてさ〜」なんて、本当に「なんで」や「どうして」への回答をしてくる男がけっこういるのでびっくりしてしまう。もちろんこれは、ひたすら謝るのが正解（読者の皆さんは、言わなくてもわかるとは思うけど）。

男女では、提案に対するセンスが違う

そもそも、男性と女性では、提案に対するセンスが違います。問題解決型にとって、提案とは、「自分の意見を言って、相手のＹＥＳ／ＮＯを確認する行為」、共感型にとっては、おもてなし。だから、女性同士の会話は、相手の提案を否定するときも、いきなりＮＯとは言いません。

夫に反論されたくなかったら、「共感を誘うための質問形式（○○にしない？　○○だ

と思わない？　○○でいい？）」なんかにせずに、自分の気持ちとして伝えるのがコツです。

「ハンバーグでいい？」↓「今日はハンバーグよ」

「寒くない？」↓「う〜、寒い」

「コーヒーにしない？」↓「私はコーヒーにするね」

「私はこう思っている」「私はこうしたい」と伝えることで、夫も「大丈夫？」といったわってくれたり、「俺もたまにはコーヒーが飲みたいな」なんて受け止めてくれる回数が増えるはずです。

女性が、家族に対して共感を求めるのは、家族を愛しているからこそ。自分とつながっている家族だから、「私が感じていることを相手も感じているはず」と無意識に思っています。このため、「俺は違うよ」と夫にいつも反論されると、「私に不満でもあるわけ？」と感じる妻も多いかもしれません。

先日、我が家でもこんな会話がありました。

私「カレーの残りと冷凍うどんがあるから、お昼は、あなたの好きなカレーうどんにしようか？」

夫「え〜、カレーうどん？　う〜ん」
私「じゃあ、何が食べたいの？」
夫「急には思いつかないけど、カレーうどんだけは違う！」
妻「はぁ？（なんでそこまで、きっぱり否定するわけ!?　あなたのために提案したのに（怒））」

お昼を作るモチベーションは地に落ちたけど、夫に悪気がないのはわかってるので、あんまりなセリフに、つい笑っちゃいました。

「とっさに共感してほしい女性脳」と「とっさに問題点を指摘したい男性脳」。「おもてなしで提案する女性脳」に「対案で返そうとする男性脳」。どこまでもすれ違う男と女。真逆の脳同士で会話をしているのですからしかたのないことではあるのですが。脳の違いを理解して、自分の思いをキッパリ告げつつ、夫のことばを深読みしない。それが、妻が夫にいちいちムッとせず、夫婦円満に過ごすためのコツです。

ケース9　ウンチクを語る夫にうんざり

相談　家電好き夫のウンチクにうんざり

「夫は家電が大好きで、休日は家電量販店に行って新商品をチェックするのが趣味です。そのため家電を買い換えるときは、ウンチクを言い続けるのでとても面倒です。特にコロナ禍になってからは、新しい空気清浄機があるにもかかわらず、『新商品に買い換えたい。新しいのはこんなにすごいんだ』と毎日のように言ってくるのが、本当にうんざり。こんな夫にどう対応すればよいでしょうか？」（52歳・パート）

回答　ウンチクとスペック確認は、男性脳の真骨頂

男性は家電に限らず、スペック確認したがる生き物です。

「○○さんに、こんなこと言われて……」「いつ？」とか、「この冷蔵庫いいわね！」「それって、内容量何リットル？」みたいに。共感を求める女性脳からしたら、「今、この確

認要る？」なんて感じで、イラッとしますよね（笑い）。

男性は、空間認知の領域をなによりも優先して使います。太古の昔から、男たちは、遠くの動くものに瞬時に照準を合わせ、とっさに距離を測り、構造を見抜き、敵や獲物に対処しなければならなかったからです。そして、いつもの縄張りに、見慣れないものがあれば、その正体を即座に見抜く必要がありました。このため、現代生活でも、素早くスペック確認する癖が。５Ｗ１Ｈ（なに、だれ、いつ、どこ、なぜ、どのように）がとっさに頭に浮かび、それを素直に聞いてくるわけ。

一方、あらかじめスペックを知っているときは、それを口に出して確認せずにはいられません。それがウンチクです。

知らないことはスペック確認（５Ｗ１Ｈの質問）をしたがり、知っていることはウンチクで語りたがる。それが、優秀な男性脳の証です。

スペック確認は男性脳の〝悲願〟

女性なら、何か悲しいことがあったら、たとえば、誰かに理不尽なことを言われたとき、家族や友人にそれを話して、「わかるよ」「大変だったね」と共感して慰めてほしいと思うはず。それはもう、悲願と言ってもいいくらいに。男性のスペック確認も、それに似ています。

我が家は息子夫婦と同居していて、W洗面、つまり洗面台が2台並んでいます。ある日、息子たちの洗面台にシリコンスプレーが置いてありました。洗面台に向かって、今まさにアイラインを引こうとしていた私に、通りすがりの夫が、「このシリコンスプレー、なんでここに置いてあるの?」と聞きました。「知らない。今、気づいた」と答えたのに、スペック確認は延々と続きました(苦笑)。

夫「誰が置いたの?」
妻「知らない」
夫「いつから置いてあるの?」
妻「知らない」
夫「いつまで置いておくつもりかな?」
妻「だから、知らないってば!」

「今、気づいた」と言った私に、それでも、これを言わざるを得ないだけの衝動が彼にはあるのでしょう。「そこにあるべきでないものがある」のは、男性脳にとっては軽いパニックなのです。

そして、答えを知るわけもない私に、あえてこれを言ってくるのは、「確認すべき項目そのものを確認している」という行為。それほど、男性脳は、スペック確認したがっています。

ときにはスペック確認に付き合ってあげて

なので、ときには、付き合ってあげてもいいのでは、と思います。男性たちに、「ときには妻の話に付き合って、共感してあげて」と言うように、女性たちに、「ときには、夫のウンチクやスペック確認に付き合ってあげて」と。もちろん、「遅刻ギリギリで、アイラインを引く瞬間」でなければ。

ウンチクもある意味、スペック確認です。つまり、知っているスペックを語り、それでいいかどうかを確認したいわけ。

このため、ウンチクに反応してあげないと、ゴールを迎えられません。特に、彼が素晴らしいと思うことをウンチクで語っているときは、「素晴らしい」の確認をしてあげないと。「このスピーカー、すごいんだよ」「ここのラーメン、半端ないんだよ」と、スペックを語り出したら、感心して聞いて、「ほんと、それはすごいわね」「うわぁ、早く食べたい！」と言ってあげないと、スペック確認が完了できないのです。スペックに興味がない女性脳にとってはうんざりするかもしれませんが、これはもう、コミュニケーション・イベントだと思って、やってあげるのが一番。優しく共感してくれる夫がかけがえのないように、ウンチクに瑞々しく反応してくれる妻はかけがえがないのです。

家電売り場へは夫を先に送り込む時間差攻撃がおすすめ

とはいえ、家電好きの夫と、家電を買いに行くくらいうんざりすることはないでしょうね。

我が家の夫は、特に家電好きではありませんが、いざ買うとなったら、スペック確認に抜かりはありません。売り場で時間がかかるので、本当に、うんざりします。けれど、我が家には、秘策があるんです。

ことの発端は、10年以上も前のこと、息子の部屋にエアコンを、と思っていたら、セールのチラシが入りました。「これを買おう」と、夫婦で家電店に行ったときのことです。

すでに購入する商品も決まっているのに、夫は店員さんに、「自動掃除機能付きってあるよね？　いくら？」「空気清浄機能ってどうなの？」などと質問攻めに。買おうと思っている商品にはない、ハイスペック機種への質問なんです。私が「買う商品が決まっているのに、どうしてそんなこと聞くの？」と聞くと、夫は「買おうとしているものが、全体のスペックの中でどれくらいのもので、妥当な値段なのかを判断しないと……」と言うではありませんか……！　私は即座に「妥当じゃなくても、それを買います！」と言いたい衝動にかられたけれど、彼のスペック確認欲求を満足させるために「そこのマッサージ機でマッサージしてるから、終わったら呼んでね」と返し、ひとしきり暇をつぶしました。

それからというもの、夫と家電製品や家具を買いに行くときは、時間差攻撃に。夫を先に売り場に送り込んで、思う存分、スペック確認したころ合いで、私が売り場に行って、「これがいいかな〜」なんて言うと、夫は「色はキレイだけど、うちのキッチンには入らないよ」なんて役に立つことを言ってくれます。この時間差攻撃、かなりおすすめですよ。

最近では、ネットで事前にかなりのスペック確認ができるので、売り場でのスペック確認は、かなり時間短縮できてます。まぁ、それでも、多少のウンチクは聞くことに。けれど、それはそれで、「なるほどね!」と思うこともあり、間違ったものを買わない信頼の証でもあり、最近ではありがたく楽しんでます。

とにかく、ウンチクは、反応が薄いほど長くなります。いっそ楽しんで、瑞々しく反応すれば、短く終わる。男性上司の長い話も一緒です。お試しあれ。

ケース10　ポイント至上主義の夫が理解できない

相談　ポイントを貯めるため、カード払いができる店を優先する夫に不満

「うちの夫はなんでもクレジットカードで支払いたいタイプ。ポイントが貯まるというのが理由で、それ自体は悪いことではないのですが、度を超しているので困ります。たとえ

ば、『今日はA店の焼肉を食べよう』と約束をしても、その店でカード払いができないとカードが使える蕎麦屋さんに変更。食べたいものよりも、カード払いができるかどうかを優先する夫の気持ちがまったく理解できません」（54歳・主婦）

回答 男性脳は数字のカウントアップに弱い

焼肉が蕎麦になっちゃうの（笑い）？　せめて、カード利用可能な焼肉店を探しましょうよ（笑い）。でもね。実はこれ、男性脳あるあるなんです。

男性脳は、ポイントにはまりやすい傾向にあります。数字のカウントアップに強く惹かれるからです。あるかたが、こんなことを言っていました。「自動車にスピードメーターしかついていないと、男性はついアクセルを踏み込んでしまう。なのに、エコメーターがついていると、その点数を上げたくて、ついアクセルをゆるめてしまう」。まんまと自動車メーカーの策にはまる感じで、カワイイですよね。誰かが「腹筋50回やってる」なんて自慢すれば、自分は100回を目指すとか、数字が出てくるとがぜん闘争心も湧いてきます。私たちの世代のおじさま方なんて、「俺なんか血糖値○○」「いや、俺のほうが上」だなんて、本来なら低いほうがいい数値まで、自慢気に上乗せしてくる（苦笑）。

勝負に勝つことが嬉しくて戦利品はどうだっていい

さらに、競争にさえ勝てば、成果物には執着しない傾向も。

小学生の女子から、こんな質問を受けたことがありました。「男子はなぜ、牛乳を飲みもしないのに、余った牛乳をもらうためのじゃんけんに張り切って参加するのですか」。

欠席者がいて、牛乳が余った。その争奪じゃんけんに、隣の席の男子が、はりきって参加して勝ち、めちゃ嬉しそうな顔をして、「俺、牛乳飲めないからやる」と言ったそう。大人びた彼女は、「男子って、バカなんですか」と続けました。よほど不思議だったのでしょう。たぶん、焼肉が蕎麦に変わったとき、ご相談者も、「この人って、おばかさんかも」と思ったのでは。

いえいえ、「とにかくポイントアップや勝負に勝つことが嬉しすぎて、なんなら戦利品はどうだっていい」という感じ、男性脳にはあるあるなんです。だから、ポイントさえ使えれば、焼肉だって蕎麦だって、どっちだっていいという感じなのでしょうね。

もちろん、戦利品に執着することもありますが、ポイントアップに強く執着しているタイプほど、使うほうにはあまり興味がない傾向が。ここは、貯まったポイントは、うまくおねだりして、こっちで使っちゃいましょう。

となれば、夫のポイントが貯まることを一緒に喜べる妻になって、夫のカードが使える店をリストアップして上手に誘導することを考えたほうが得策ですよね。

焼肉店でカードが使えなかったときに蕎麦になってしまったのは、夫のカードが使える焼肉店を、そもそもリストアップしてなかったから。イタリアンにせよ、中華にせよ、家族で訪れる可能性がある店については、あらかじめ、夫のカードが使える店を把握しておくこと。そして、そのカードが使える店が増えることを祈りましょう。夫のカードが使える店が少ないようなら、よく行く店で使えるカードに変えるように提案してもいいかもしれませんね。

さらに、夫のポイントアップを共に喜んで(「どれだけ貯まった？　え〜、1万ポイント突破！」とか)、「これが貯まったら、何ができるの？」「あれが欲しい」などと無邪気に、希望を突っ込みましょう。

そう考えたら、自分が楽しむだけの趣味にお金をかける夫より、ポイントを貯めるのが好きな夫を持ったなんて、ラッキーなのかもしれません。

ケース11 出かける妻に、いちいち文句を言う夫

相談 **出かけるときにいちいち文句を言って快く送り出さない夫に腹が立つ**

「うちの夫は、口では『休日は好きに出かけていいよ』と言うくせに、実際に出かけるとなると『俺のご飯、どうするの？』『コロナ禍なのに出かけるの？』などいちいち文句を言ってきます。たまに外出するときくらい快く送り出してくれればいいのにと思います。夫の不機嫌な態度にはどう対応したらいいのでしょうか」（55歳・主婦）

回答 **単なるスペック確認、うまく付き合ってあげて**

これ、妻が感じているほど不機嫌なわけじゃないんです。ケース9でもお話しした、ス

ペック確認です。まぁ、多少の不安や寂しさはあるでしょうけど、男性たちは、文句のつもりでは言ってないはず。

とはいえ、言われた妻のほうは、いちゃもんか威嚇にしか聞こえないでしょう？　実はそれ、女性脳に「男性への警戒スイッチ」が搭載されていて、夫に何か言われると「攻撃なの!?」と疑う脳神経信号が流れるからです。この警戒スイッチは、哺乳類・鳥類・爬虫類のメスの脳に搭載された本能のスイッチです。いずれもオスよりメスの生殖リスクが高いので、オスの性衝動から身を守らなくてはならないから。このため、出がけにいろいろと言われると、「いちいち文句言わないでよ！」と腹が立ちますが、夫は文句を言っているわけじゃないのです。

私が「デパートに行ってくる」と言うと、夫は「どこのデパート？」と聞いてきます。どこのデパートかが重要なわけ？と思いつつ、「日本橋の高島屋よ」と答えると、夫は満足そう。「で？　高島屋か三越かで、何か違いがあるの？」と尋ねると「別に」。「なんで聞いたの？」と尋ねると、必ず「え？　聞いちゃダメなの？」って怪訝そう。スペック確認ができたので、それでいいみたいです。

男性は、脳の中にスペックを入れる場所があって、そこが埋まっていると安心する癖があるのです。

だから、答えは、ある意味ウソでもいいんです（笑い）。本当は三越だったとしても、夫は場所を特定して偵察に行くわけじゃないので。行き先も決めずにウィンドウショッピングに行くときも、そう言うと男性は悶々としちゃうので、エイヤで「銀座に行く」とか言ってしまえばいいのでは。

「俺のご飯、どうするの？」というスペック確認にも、「帰ってから作るわ」でも「おいしいもの買ってくるから大丈夫よ」でもいいんです。ただスペックを埋めてあげること、それだけで大丈夫。

先に予定を伝えればＯＫ

そうはいっても、出がけにあれこれ言われると嫌な気分になりますよね。

聞かれないためには先手を打つしかありません。あらかじめ予定を言っておけばいいだけです。

我が家の場合、私が秘書室と共有しているネット上のカレンダーに、夫もジョインしました。夫は、私の動向を何か月も先までしっかりつかんでいるので、前よりずっとおおらかです。それでも、「今日は、どこに行くんだったっけ?」と聞かれたりはしてますけど。

女性の中には、帰る時間を言ってしまうと、それに縛られてストレスだと感じるかたもいるようですが、スペック確認の満足度に比べれば、「うっかり遅くなってしまったこと(しかも事前連絡あり)」は、案外小さい問題。気にせず、エイヤで時間を決めて、スペック確認させてあげましょう。まぁ、ただ、100回のうち100回イレギュラーだとスペック確認の意味がなくなってしまうので、ある程度は守ってあげないとね。

夫のことばを深読みしない

男の「どこに行くの?」はスペック確認だけど、逆に、女の「どこ行くの?」は、けっこういちゃもんだったりしませんか? 母親が娘に言う「どこ行くの?」は、「あなた、なにふらふらしてるの。試験なのに」みたいな意味合いを含んでますよね。「なんで買ったの」は「こんなくだらないものどうして買ったの?」、「これ、何でここに置いてあるの？」は「邪魔なんだけど」の意味合いだったり……。

女性は、自分が威嚇のために質問文を使うので、男性の無邪気なことばを深読みしがち。それをやめるだけでも夫に対する気持ちが変わると思いますよ。

そうそう「おかず、これだけ？」も、90％の夫は文句を言っているわけじゃない。「今日はこれでご飯を1杯食べればいいんだよね。このあと、肉が出てきてもうご飯食べ終わっちゃったなんてことにならないよね？」と確認しているだけ。夫が妻にあれこれ聞いてくるのは、ただのスペック確認。面倒だと思う気持ちはよくわかりますが、うまく付き合ってあげてくださいね。

ケース12 お金の使い方が納得できない

相談 私に相談もせずに義母の言いなりでお金を使う夫をどうにかしたい

「夫は長男で、義父はすでに他界し、義母はうちの近所で暮らしています。義母は病気もせず元気なのはいいのですが、『外壁を塗り直りしたい』『エアコンが壊れた』と言っては頼ってくるのでうちがすべて面倒を見ています。

親のことなのである程度しかたがないとは思いますが、夫はすべて義母の言いなりで勝手にお金を使ってしまいます。夫が稼いだお金とはいえ、私に相談もせずに使われるのは面白くありません。義母の言いなりになる夫、どうしたらよいでしょうか」（54歳・主婦）

回答 夫の稼ぎでも「夫婦の稼ぎ」、必ず妻に相談を

このかたは、「お母さんに使うお金が惜しい」とは言っていません。自分に相談がないこと、ひいては、妻の日ごろの支えに対して感謝がないことに傷つき、絶望しているのではないでしょうか。

このかたの夫は、家計は自分のものと思っているようで、ご相談者自身も「夫が稼いだお金」と言っていますが、妻の内助の功と節約でその貯えをキープしているわけですから、当然、ふたりのものですよ。それを「自分のもの」と思い込んでいるところに、すでに日ごろの妻の支援に感謝がないわけで、ご相談者のモヤモヤは、そこに起因しているのだと

思います。パートナーに専業主婦（夫）になってもらって財布を預けたら、それはもうパートナーのものだと思う度量がなくてはね。母親のためにお金を使うときも、パートナーにその決定をゆだねるのが基本です。

たとえば、

夫「母さんのエアコンが壊れたんだけど、どうしたらいいと思う？」

妻「修理して使えないの？」

夫「もう17年もので修理できないんだ」

妻「じゃあ買うしかないね」

夫「どこか安いところ見つけてくれない？」

みたいな話があれば、奥さんも協力しようという気持ちになるはずなのに。

さらに言えば、夫も少し困ったふりをして「母さんのエアコンが壊れて、買ってほしいなんて言ってるんだよ。わがままだよな」とか言えば、妻も「エアコンなしではこの猛暑は越せないわよ」と買ってあげてもいいじゃないのという気持ちになるもの。

相談をするということは、その人の存在を認めたということになります。家族の間では、相談は思いのほか大事です。では、どうすれば夫は相談してくれるようになるのでしょうか。

「相談してくれなくて寂しい」と夫に言ってみる

妻の側からできることとしては、夫に「相談してくれないのが寂しいわ」と言うこと。もしも、使途不明金が見つかって「このお金、何に使ったの？」と夫に聞いたときに、「母さんのエアコン買った」と言われたら、「相談してくれないのは寂しい。私もお義母さんのことを心配したいわ」と。そうすれば、次はきっと相談してくれて、今後はよい感じに回っていくと思います。

今後、お互いの親が病気になったときや介護の問題に直面したときに、夫婦で協力してやっていかないといけなくなるときがやってきます。そんなときのためにも、お互いに頼り合える関係を築いておきましょう。

ケース13　よくできた妻ほど、夫に感謝されない法則

相談　毎週末、夫の実家につきあわされるのに疲れた

「夫の実家は、徒歩10分の距離です。夫は毎週末、しかも土日続けて実家に行きのんびりするのが好きです。姑と私は仲がよいので基本的に私も一緒に行くのですが、毎週というのは疲れます。たまに『今日は家にいたい』と断ると夫は不機嫌に。こんな夫にはどう対応するのがよいのでしょうか」（53歳・パート）

回答　夫の思い通りにならない覚悟がいる

男性は、女性に比べて、小脳が大きめで、その使用比率が高い傾向にあります。小脳は、空間認知と身体能力を司る場所。とっさに対象物との間合いを測ったり、自らの身の処し方を決める場所。まさに、狩りや闘いをしながら進化してきた脳らしいですね。

そんな男性脳には、道具を、自分の身体の拡張器官のように感じ取るセンスがあります。

これも小脳の機能の1つ。

たとえば、バイクや自動車。バイク乗りは、またがったとたんに、バイクが自分の身体の一部のように感じると言います。車好きも同じこと。彼らはよく、タイヤが小石を踏んだとき、自分の足の裏で踏んだように感じる、と言ったりします。バイクを傾けるときも、自分の足裏を傾けたかのように、その角度に迷いがありません。

ナイフや工具も、あるいは万年筆も。自分の指の拡張のように、男性脳は、道具となじみます。だから、バイクを愛し、車を愛し、ナイフや工具や万年筆をコレクションして、悦に入るのでしょう。息子が20歳のとき、「人生の記念になるようなものをプレゼントしたい。何が欲しい？」と聞いたら、「工具一式！」と答えました。「そんなもの？」と思ったけど、10万円は軽く超え、たしかに人生の記念になる値段だわ、と思ったのを覚えています。

男性脳の〝身体拡張感覚〟が妻を萎えさせる

男性脳は、愛してやまない道具たちと同じように、愛する妻を、自分の身体の一部のように感じます。まるでアタッチメント（付属装置）のように。それが男性脳にとって、なじむことであり、愛着のかたちだから。このご相談者の夫のように、休日ごとの実家詣でに、当然妻がついてくると信じているのは、それが自分の身体の一部のようになじんだ存在だからです。それは、たしかに愛なのです。

自分のパンツがどこにあるかも知らない昭和の夫たちは、その感覚がさらに研ぎ澄まされていて、妻を、道具のように、迷いなく便利に使うわけ。21世紀男子たちは、昔の男たちのように「飯、ふろ、寝る」しか言わないってことはないだろうけど、「お茶、淹れて」「タオル取って」くらいは言うのでは？

自分の右手を躊躇なく使うように、妻を躊躇なく使う。妻だって、新婚のときは、その遠慮のない一体感が嬉しかったはずなのに、いつの間にかそれが癇に障っているわけですよね。「恋の賞味期限」が終わってしまったので。男性たちが不幸なのは、そのことに気づいていないことなのかも。

感謝もねぎらいもないのは愛着が深い証拠

その上、この手の男子は、感謝もねぎらいもないのが一般的。自分の一部なので、褒めることも感謝することも思いつかないから。自分の心臓に「毎日、ちゃんと動いてくれてありがとう」と言わないように。自分の右手に「こんなことができるなんて、すごいね」なんて言わないように。もうおわかりですね。感謝もねぎらいもないのは、愛がないわけではなく、逆に、強い愛着があるからなんです。

感謝のことばの1つも言わない昭和男子は、妻に先立たれると、がっくりと弱って、ほどなく妻のところに行ってしまう人が多い。自分の一部を失ったのだから、きっと、私たち女性には想像もつかない喪失感があるのでしょう。

はてさて、優しいことばをくれて、家事もできる、ひとりでも生きていける夫と、武骨だけど妻の後を追う夫と、どちらの愛が深いのでしょうね。

「ことばをケチる」夫たち

男女とも、このことを知っておいたほうがいい。男性は特に、気をつけて。妻への愛着や信頼が、知らず知らずのうちに、妻の不興を買っている可能性があることを。これを防ぐには、日頃から、ことばをケチらないことです。してくれたことに気づくこと、感謝すること、ねぎらうこと。「お、僕の好きなナスのカレーだ」「今日は、シーツ換えてくれたんだね」「あの支払い、しておいてくれたのか。助かるよ」のように。

してあげたことに気づいて、嬉しげにことばにしてくれる家族なら、女はしてあげることを惜しみはしません。にもかかわらず、夫にそれを惜しむとしたら、夫にことばが足りないからに他なりません。反応のない相手に、人はいつまでも関心を寄せられないのです。男たちは、心がけて、反応しなきゃね。

女性の「してあげすぎ」も原因

この件、女性にも、多少の罪があります。日本女性は、最初に尽くしすぎるきらいがあるから。最初に甲斐甲斐しく面倒を見ちゃうから、そしてそれが優秀にこなせるから、彼のアタッチメントにされちゃうわけ。自分を「一個人」として見てほしかったら、しすぎないことも大事だと思います。

このご相談者も、夫のアタッチメントになってしまったケースと思われます。夫は、妻が、毎週末一緒に実家に帰るものだと思い込んでいる。何の疑いもなく。妻のほうは、それを断りかねて、途方に暮れている。嫌というわけでもないけど、毎週はねぇ、と。

おそらく、その他のことも、「やってあげすぎ」になっているのでは？　でも、ご相談者は他のことを気にしていないようだし、夫は妻に純粋に愛着をもっているように見受けられますから、きっと夫婦仲がよいのでしょう。

ただ、仲のいいふたりの、こういう「なんだかねぇ」を放っておかないほうがいい。まずは、「たまに断る」から始めましょう。その際に、ただ「気が乗らないから」という理由では、ふたりの間の信頼関係がゆらぎます。

外へ出る理由を持つ

私は、趣味やボランティアなど、外へ出る理由を持つことをおすすめします。たまの日曜日、イベントに参加したり、趣味に使う材料を探しに行ったり、仲間と会うために単独で出かけることを、自然に習慣にしてしまえるからです。

外に出るのが億劫だったら、料理や掃除を「趣味」に格上げしてもいいと思います。

「今度の週末は、○○先生の整理法で、クローゼットを片づけてみるつもり。専念したいから、あなたはお母さんのところに行ってて」「今週末はサムゲタンに挑戦してみるわ。それを持って、日曜日に行くね」のように。

ゆっくりしたいだけでも、最初は、なんらか理由を言っておけばいいと思います。「疲れちゃって、結局、できなかった」と言えばいいんだから。そんなとき夫が「だったら、一緒に母さんとこ行けばよかったのに」と言ったら、「ううん。たまには、自分の台所がある家でゆっくりしたいのよ。女って」とやんわり距離を取ります。長年主婦をやってきた女性にとっては、キッチンは本陣。自分のキッチンがない家は、たとえ実家であっても、「自分の家」ではないんです。遠慮の要らない実母がいる実家であっても、仲よしの姑がいる夫の実家であっても、自分のキッチンに帰りたい。女性なら、きっとわかる感覚のはず。男性には、そこがわからないんですよね。だから、ことばにしなきゃ、態度で示さなきゃ。

週末、夫との別行動が、自然にできる夫婦になること。そのために、夫と別の趣味を1つは持つこと。「毎日が週末」の定年夫婦になる前に、ぜひ遂行しておいてください。

ケース14　性格の不一致？　話がかみ合わなくてイラつく

相談　夫と意見が合わず、会話がまったく盛り上がらない

「夫と話がかみ合わないことが多くて、困ります。たとえば、テレビを見ていても『これってこうだよね』という夫の意見に共感できないことが多く、私が意見を言うと『は？何を言ってるの？』と言われることがしばしば。そのため、ふたりでいると会話は盛り上がらないだけでなく、話すこと自体がイライラの原因に。どうしたらよいでしょうか」（54歳・専業主婦）

回答　感性の不一致は「愛し合った証」、話がかみ合うことを期待しないこと

恋とは、異性の匂いや見た目、触感などから、脳が遺伝子情報を見抜き、「生殖の相手として適している」と判断して、発情スイッチを入れるイベント。そのマッチング演算は、

「感性が遠く離れて一致しないこと」を基本に行われます。自分と違うものの見方、感じ方、生体としての強さを持つ遺伝子を探しているからです。子孫の脳のバリエーションを増やし、生存可能性を上げるためです。ひらたくいえば、「自分と違うものの見方、感じ方、生体としての強さを持つ相手ほど、激しく惚れる」ってこと。

したがって、生殖ミッションが一段落すると（子育てが落ち着くと）、目の前にいる「恋の残骸」は、あまりにも話がかみ合わない相手。これは、世界中の夫婦の、普遍の真理です。テレビを見て、何かの感想を言い合ったとき、当然、共感できないことのほうが多いはず。

旅の会話もすれ違う

妻「さっきのあれ、やっぱりお土産に買おうかしら」
夫「あれって、なんだ？」
妻「入り口んとこの、赤いあれに決まってるじゃない」
夫「お前の話は要領を得ないな。さっぱりわからん」

妻「あんなに目立つもの、なんで見てないのよ（あ〜、イライラする。この人、ほんっと、愚図なんだから）」

同世代の女同士で旅をすると、目に入るものがほとんど一緒だし、気になることもほとんど一緒なので、「さっきのあれだけど……」「あ〜あれあれ、赤いのでしょ?」「そうそれ!」「私も気になってたの」「もどろうか」「うん」というふうに話が弾む。固有名詞などなくても、自在に文脈が紡ぎだせるのに、夫との会話は、どんどんギクシャクして、最後には会話を始めたことを後悔する羽目に陥ることもしばしば。考えてみれば、それは、かつて激しく惚れた証拠。しかたないですよね。

「あれ」が通じないし思い出も食い違う

男女の脳は、とっさに見る場所がズレます。男性は奥行きのほうを、女性は目の前のものの表面を見る傾向が強いのです。違うものを見ているから、「さっきのあれ」が通じるわけがない。

たとえば、冷蔵庫。あの扉を開けて、女性は「見えるものの表面」をなめるように見ます。「からしのチューブ、取ってきて」と言われて、友だちの家の冷蔵庫を開けたとき、初めて見た冷蔵庫であっても、あの黄色いチューブがほんの数ミリ見えれば見逃さない。

一方、男性は、奥のほうを、ぼんやりと見ます。冷蔵庫を、正しく三次元空間としてとらえて、全体のサイズ感や密度を確認するためです。このため、「手前に見えているものが目に入らない。女性からしたら、「目の前にあるのに、なんでわからないの!?」とイラだつわけですが、このものの見方ができるから、獲物を確実に仕留めるし、縦列駐車もうまいのです。その上、男性脳は数字に鋭敏なので、海苔の瓶や、納豆のパックの賞味期限が目に飛び込んでくる。かくして、「頼んだものは探し出せないくせに、賞味期限切れの食品を持ってきて、妻をイラつかせる」わけですね。

お土産屋でも観光スポットでも、夫はたいてい妻とは違うものに目を留め、気をとられているのです。だから、「あれ」が通じないし、思い出も微妙に食い違う。共感を欲する女性脳には、かなり苦痛な旅のパートナー。でもね、そういうものだとあきらめてしまえば、意外に夫の視点も面白いのです。

妻は、女同士の旅の弾むような楽しさを夫に求めないこと。「あなたは何が面白かった？」と夫に質問して、夫のものの見方を妻も楽しんでみましょう。

夫は、妻の「あれ」を論理的に追及しないこと。冒頭のお土産物屋での会話なら、「あれ」がわからなくても、命にかかわるわけじゃない。「そうか、気になるのか。じゃぁ、もう一度、戻ろうよ」と言ってやればいいだけです。この際、「赤いあれ」がなんだっていいじゃない？　サンタクロースであろうと、だるまだろうと、大事なのは、気になって戻りたい妻の気持ちなんだから。

夫婦にとって、とてもとても大事なこと。夫婦ふたりの会話では、「ことの是非」より「妻（夫）の気持ち」。夫婦間ですむ話なら、多少の正しさは、どっちだっていいじゃないですか。

夫の意見は「別の意見」を尋ねるつもりで聞く

というわけで、夫婦の会話は、「そうよね」「そうだよね」と盛り上がれるはずがないということを改めて理解しておきましょう。

夫の意見なんて、「別の意見」を尋ねるつもりで聞く。「あなたは、これどう思うの？」

↓「へぇ、あなたには、そんなふうに見えるんだ。面白いね」くらいの感じでね。

そもそも、夫婦の対話なんて、真剣に反論しても甲斐がない。感性が一致していないので、正解が違うのだから。相手が言ったことに、「それ違うでしょ」と言っても無意味。向こうにとっては、それが正解なわけだから。

だから、相手の言ったことに、「そうなんだ、なるほどね」「きみは、こういうのが嫌なんだね」「そういう見方もあるな」「あなたには、そう見えるの？　深いわね」とか返してあげればいいのです。

ふたりの意見を一致させる気がなければ、相手のものの見方も、意外に刺激になったり、面白かったりします。もしも人の悪口など、人間性にもとる不快な発言ならば、「自分の夫から、そういうことばは聞きたくない。あなたのことを、カッコイイと思っていたいから」と告げたらどうですか？

家族の話は「いいね」か「わかる」で受ける

家族の話は、共感で受けましょう。具体的には、「いいね」か「わかる」や「そう」で受ける。これを夫婦のルールにしたらいいと思います。

相手がポジティブな気持ちで話したことは、「いいね」「よかったね」で受けて。一言言ってやりたいことがあっても、「いいね」のあとにね。夫婦のみならず、基本、家族の会話は共感受けに徹するとうまくいきます。高校生の娘が、来週から期末試験だっていうのに「カラオケ行ってきた」と言ったときも、「いいわね、青春真っただ中ね」と祝福してあげる。「試験勉強も青春の一部よ。そっちも頑張ってね」は、そのあとに言えばいいのです。こんなとき、いきなり「期末試験の準備はできてるの？」なんて説教で返すと、子どもの口数が減ります。それは夫婦だって同じこと。

ネガティブトークならその形容詞を反復してあげる

相手の話が「つらい」「痛い」「大変」のようなネガティブトークなら、その形容詞を反復してあげます。「そりゃ、つらいね」「それは痛いよね」「大変だったね」のように。

そして、相手の言い分に賛同できないときは、「そうか」「そうなんだ」「そんなことあるんだね」のように、優しく響く「そ」で受けます。「ひどいと思わない？」と言われて、

「いや、あなたにも非があるでしょ」と思ったときは、なにも「ひどいよね」と嘘をつかなくていい。「そうか～、そうなんだ～」と親身になってあげれば十分です。

対話には、心の通信線と、事実（ことの是非）の通信線があって、「そ」で受けると、心は受け止めたよ、ことの是非は保留だけど……という感じになります。共感型の人は、心を受け止めてもらえると、ことの是非では否定されても、案外素直に受け入れられるもの。「そうか～、そんなことがあるんだね。そんなことなら、きみも、早く断ればよかったね」と言われたら、「そうね」と素直に返事ができる。いきなり「きみもさぁ、はっきり言わないからダメなんだよ」なんて言われたら、「はぁ？ あなたはどっちの味方なの!?」となってしまう。

共感は、自分の意見を曲げてまで、相手におもねる行為ではありません。相手の気持ちにはちゃんと寄り添うけど、意見は意見でしっかり言うのが、おとなの共感。そりゃ、1分1秒を争う、命にかかわる危機的状況では、「それはダメ！」を言ってあげなきゃならないけれど、テレビの前の夫婦の会話なんて、たいていは命にかかわらないでしょう？いきなり、「それ違うんじゃない」「何言ってるんだ？」と嚙みつかなくてもいいのでは、と、私は思う。

うちの息子は、テレビを見て、私やおよめちゃんが何か言うと、「そうだね、たしかにね」か「そう感じるんだ。面白いね」のどちらかを言ってくれます。前者は同意見だったとき、後者は意見が食い違ったとき。

夫は、こういうとき、黙っているか、「はぁ?」と言ってきます。黙っているときは同意で、「はぁ?」はわけがわからないときなんだそう。当然、私の態度は、息子には優しく、夫には厳しくなってしまいます。自業自得ですよね(微笑)。

ケース15 皮肉屋の夫に、気持ちが暗くなる

相談 悪口の連発、聞いていて気分が悪くなる

「私がテレビを見ていると、横で『このタレントはかわいくない』『この程度でテレビに出られるのか』『料理の手際が悪すぎ』と出演者のことを上から目線で悪く言うなどネガ

ティブなことをつぶやいているので、聞いているだけで嫌になります。こんな夫の性格といいますか、態度を直すことはできますか」（51歳・アルバイト）

回答 直せないけど、妻なら反対魔法がかけられるかも

直せるかという質問には、残念ながら、NOです。直すことはできません。そもそも、「性格を直す」という言い方は、フェアではありません。世間では、ポジティブな人が正しくて、ネガティブな人はダメなように言われがちですが、「人類というシステム」からいえば、どちらも存在価値があり、共存することが人類繁栄の大きな鍵となっているからです。

たとえば、集落が襲撃を受けたとき、「前向きに闘う人」「前向きに新天地を求めて船出する人」だけでは、いずれも全滅のリスクをはらんでいます。「落ち込んで、無気力に従う人」「恨んで、ねちっこく復讐の機会を狙う人」もいることで、なんとか遺伝子を残すことができる。人類の歴史を見れば、「明るく前向きで、優しく公平な脳」だけが生き残ってきたわけではないこと、いやむしろ生存可能性は低いと言っていいかもしれないこと

を、誰でも知っているはずです。

人類は、ネガティブ脳とポジティブ脳のミックスででき上がっている。そして、これを未来永劫キープするために、男女は、感性の違う相手に惚れやすい。これが人類の原則です。

というわけで、優しいポジティブ脳の女性には、高い確率で、皮肉屋の夫がいるもの。でもね、恋愛の最初には、その言動がクールで素敵に見えたのでは？

妻の朗らかさで、皮肉を〝消火〟する

皮肉な発言が出たら、妻のポジティブ・シンキングで、褒め殺ししながら、火を消してしまうという手もあるのでは？「このタレントはかわいくない」→「そう？　あなたは美意識が高いのね」、「この程度でテレビに出られるのか」→「むしろ出来すぎは、嫌味なんだって。最近はね」、「料理の手際が悪すぎ」→「それを笑う番組でしょ？」

火を消されてしまうと、言う甲斐がないので、回数が減る可能性大です。皮肉屋の男に惚れた、優しく朗らかな妻たちだけが、これをできる気がします。

皮肉な見方をする人は、家族の気持ちを下げる嫌な奴ですが、一方で、慎重で、無駄なことにお金を使わない傾向にあり、その意味では家族を守っていると言えるかもしれません。人のいいところばかりを見る男性は、優しくて気前がいいことが多く、一緒にいて楽しいけれど、貯金は残せないことが多いはず（脳の神経構造上の予測）。

ご相談者の夫に、何かいいところがあるとするならば、それが、皮肉屋であることと、脳の中で密接に結びついているはずです。仮に、脳神経信号を操作して、皮肉屋の性質を消してしまうことができたとしたら、いつくかの美点が消えて、もっと厄介な夫に変わるかも。

皮肉屋の性格を全否定して、直らないものかと考えるのは、時間の無駄です。対応策は「嫌なことは嫌と言う」「別々の居場所をキープする」。とはいえ、我慢できなかったら、2つの対応を取ります。

まずは、「私、最近、人の悪口を聞くのがつらいの。なんか、気持ちが落ちちゃうから。更年期かなぁ。悪いけど、これから、私には言わないでね」と丁寧に説明する。甘える風情が出せると◎です。男性脳は「一を聞いて十を知る」が不可能なので、1つの事例だけでは不十分。きっと何度も言うことになりますが、イラついたりしないで、優しく言い続けましょう。

それと、夫婦それぞれの居場所を作って、別々に過ごす習慣を作るのも大事です。今や、テレビは携帯電話でだって見られる時代、なにもふたりで見なくたっていいのでは？

大局的に言えば、人類繁栄の仕組みのせいで、この世のすべての夫に、妻から見れば、嫌なところ、困ったところが必ずあります。

理系男子はビビりでぼんやり

「うちの子、ビビりで困っちゃう」「こんなにぼんやりして、頭が悪いのかしら」という悩みもよく聞きます。けど、その度に、私は「理系の天才かもよ」と答えます。

あるとき、双子の男の子のママから、「片方はビビりでブランコにも乗れないのに、もう片方は積極的になんにでも挑戦する。この子のビビりをなんとかしたい」と相談を受けました。

当時、二人は6歳でした。積極的な子のほうは、明るくてイケメンでキラキラしていました。ビビりと言われた子は、ほんわかした男の子ではにかむ姿がなんともキュート。二卵性の双子ちゃんだそうで、同時に異なる個性の息子たちを手にしているママを、私はうらやましくなりました。

私は、「そのまま、放っておけば？　ビビりな子は、集中力を高めるホルモン＝ノルアドレナリンの分泌がいい可能性が高い。将来、理系の成績がいいかもよ。そもそも、積極派と慎重派、二人の息子がいたら、安心じゃないの」と答えました。

10年後、ばったり会ったそのママが、満面の笑みを浮かべてこう言いました。「あの子、あなたの予想通り、めちゃ成績いいのよ。特に、数学が得意で」。

「ぼんやり」は、理系男子に共通の特性です。空間認知力を進化させるとき、ぼんやりしてしまうからです。五感から入ってくる感覚情報を遮断して、脳の世界観を書き換えるから。幼い息子が「ビビりで、ぼんやり」だと、母親は心配になって、つい直そうと躍起になってしまうものですが、直してしまったら、理系の能力は確実に落ちます。おおらかに見守ってあげてほしいなと思います。

ビビりを隠すために、皮肉屋に?

ちなみに、ノルアドレナリンは、脳神経信号を抑制するホルモン。いわば、脳のブレーキ役です。

脳にはセロトニンやドーパミンのように、脳神経信号を促進して、脳を活性化するホルモンもあります。アクセル役ですね。このアクセル役が働くと、脳は好奇心で溢れ、「あれ、どうなってるの?」「あれが欲しい!」と走り出します。

しかしながら、アクセル役ばかりだと、多動傾向に。「あれ、どうなってるの?」「これ、も気になる」「えっ、それは?」みたいに、気が散って、1つのテーマに集中できないからです。これらを抑制して、最初のテーマに集中させてくれるのがノルアドレナリンです。ノルアドレナリンは、アクセル役のホルモンと連動して、集中力を高める立役者。脳の学習能力に大きく貢献しています。ただし、ブレーキ役ですから、多めに分泌すると、「ビビりで消極的」に見えるのです。

脳の機能性を追求していくと、この世にダメなだけの脳は存在しないのがわかります。

ご相談者の夫も、もしかすると、ビビリタイプなのかもしれないですね。ビビリ屋さんは、母親にその性質をおおらかに見守ってもらえないと、自分のビビリを隠すために、人の欠点をあげつらう皮肉屋に育ってしまうこともあるからです。大人の性格は直せないので、対処法しかありませんが、子どもの性格は、母親がなんとかできます。「欠点に見える言動」を、絶対悪だと決めつけないセンス。夫に優しくなるためにも有効ですが、子育てにはもっと不可欠な気がします。

第三章

夫婦で分担なんて永遠にムリ？「家事の壁」

家事もまた、永遠の夫婦の壁。

男性脳は、「半径3m以内の出来事をつぶさに見る」のが得意じゃないので、そもそも「家事の総体」を把握していません。「俺は、家事をほんっとやってるよ。半分やってると思う」と言う夫も、その妻に言わせれば、1／6、なんてこと、山ほどあるのです。

そう、総体を理解していないから、男性が「うんと手伝った気になっている」のに、妻は「ちっともやってくれない」と嘆くのは、世界中の夫婦の日常茶飯事なのです。

しかも、男性脳は成果主義で、結果のダメ出しに想像以上に弱いところがあります。洗濯物の干し方とか、食器の洗い方に、ちょっとでもNGを出すと、逆上して投げ出してしまうことも。

家事のパートナーとしては、けっこうダメダメな脳に見えます。

とはいえ、家事をきちんと理解すれば、（多くの場合）緻密で研究熱心な男性脳は、頼もしい家事のパートナーになってくれます。

我が家の夫も、苦節38年の末（最初は洗濯機に洗剤を入れることも知らなかった人）、今や、誰よりも頼りになる家事のパートナーです。

家事だけじゃないですよ。着物の着つけはお手のものだし、革細工はプロ並みで、家電製品や家具の組み立ても得意。今や、彼なしには、どうやって生きていったらいいかわからないくらいです。

家事に関して言えば、妻が根気強く育てていくしかありません。その際に、男性脳の欠点や長所をしっかり把握しておくと、無駄な怒りに駆られることなく、前に進めます。

この章では、そんな、家事をシェアしてゆくテクニックを指南してまいります。

ケース16　家事をしたかどうかいちいち聞いてくる細かい夫

相談　まるで家の中に上司がいるみたい。なんとかならないの？

「うちの夫はとても細かい性格です。家事にも、『植物に水あげた？』『今日、燃えないゴミの日だけど捨てた？』『ドアノブ除菌した？』などと口を出してきます。まるで会社の上司と一緒にいるようでうんざり。私のことを信じてもらえてないようでがっかりもするし、ほうっておいてもらうにはどうしたらいいのでしょうか」（50歳・会社員）

回答　妻が全部担当しているから夫がいちいち聞いてくる

そんなに言うなら自分でやればいいのにね（笑い）。でも、私でも聞いちゃうかも。うちの場合は植物の水やりは夫の担当なので、気温が高い日なんかは私も「今日、水あげた？」って聞いてますね。そして夫は「あげたに決まってるじゃないか」ってうっとうしそうにしてます（笑い）。

逆にゴミ出しは、私が担当なので、夫が時々「ゴミ出した？」って聞いてくれます。私の場合、3回に1回は忘れているので、とてもありがたいチェックです。そして、たいてい忘れたときには、「お願い、出してー！　眉毛書いてないから外に出られない」などと、夫にSOSを出しているので、チェック大歓迎（微笑）。逆に、ちゃんと捨てた朝は、夫が心配しないように、家族LINEに「ゴミ捨てました〜」と流しておきます。

このかたが、夫のチェックが多くて煩わしいと感じているのなら、理由は明確。妻ばかりが家事を担当しているから。この構造を変えたほうがいいと思います。

まずは家事を夫にも分担させる

たとえば、「水やり」「ドアノブ除菌」「ゴミ出し」「猫の餌やり」「お風呂のカビ取り」など、家事を細かくわけて、夫にも担当になってもらいましょう。

勤務時間が長い夫と専業主婦というふたりでも、担当制は導入したほうがいい。休日だけにやることだけでも構わないので、夫に「担当者」として家事に参加してもらってください。

夫が担当することがあれば、きっと妻のほうも、「あなた、あれやった?」と聞きたくなるはず。担当をわけて、チェックはお互い様にすれば、夫のチェックにも「やったわよ〜。安心して」と気持ちよく返事できるようになります。

そもそも男性脳は、家事が何たるかわかっていません。「目の前の時々刻々変わる出来事に反応する能力」は女性脳のほうが圧倒的に高く、男性脳はついてこられないのです。気づきに気づきを重ねて、臨機応変に片づけていく家事は、男性脳にとって把握しにくく、何をやっているかの総体がつかめません。

このため、家事を簡単なことだと思い込みがち。家事がどれだけ大変かを思い知らせるためにも、家事を細分化して、その一部でも担当させることが大事なのです。

また、歴史上「チームで担当をわけ合って狩りをしてきた」男性脳は、担当が決まっているほうが、気持ちよく遂行できるのも事実。

我が家では、明確に「リーダー」ということばを使います。夫は、「洗濯リーダー」「蕎麦リーダー」(蕎麦を食べるときは彼が采配を振るいます)」「お風呂のカビ取りリーダー」「水やりリーダー」「生ごみの袋締めリーダー」「家電メンテナンスリーダー」です。

他の家族は、リーダーに、「シーツ洗ってくれた？」などと確認することができます。また、リーダーは、自分の仕事を家のメンバーに振りわけることもできます。「夕方留守にするので、シーツ取り込んどいてね」とか。その際は、当然「やってくれた？」と確認することに。最終責任者はリーダーなので。

担当をわけ合えば、お互い様なので腹が立たない

担当が決まれば、当然、確認は生じます。けれど、担当をわけ合えば、お互い様なので、腹が立つことがありません。それどころか逆に、夫の「担当者意識」を感じて嬉しくなるくらいです。担当が不明確で、ぜんぶ妻が背負っているから、「夫の確認」が一方的に感じるのです。

夫を、ドアノブ除菌リーダーに任命したら、毎日「ドアノブ除菌した？」って聞いてあげれば？「お前、毎日うるさいな」って言われたら、「あなたもうるさいじゃん！」って仕返ししてあげましょう（笑い）。

意図的な手抜きが夫との関係をよくするコツ

このかたが夫に「燃えないゴミの日だけど捨てたの？」って言われたときにうるさいと感じるのは、いつもちゃんと捨ててるから。完璧すぎるのかもしれませんね。

先にも述べたように、私はゴミの日をうっかり忘れてしまうんです。だから夫に「ゴミ捨てたの？」って聞かれると、出し忘れが防げてありがたいうえに、「お願い捨てて」って頼めるからすごく便利。

チェックが入ったとき、やっていないことがあれば、これはチャンス！　焦ったふりして、夫にやってもらえばいいんです。チェックするくらい、彼には時間と体力の余裕があるってことだから。「ひゃ～、やってない。どうしよう～。あなた、お願い！」って、パニック感を出して甘えるのがコツ。これが「頼り返しの術」です。

夫のチェックが確実なことは、時々わざとやらないというのも手です。確認されたときに「やってない。あなた、お願い！」って頼りにする。夫は確認したときに妻がやっていなかったら自分がやらされると思って、聞く回数が減るかもしれませんよ。逆に、僕がやってあげなきゃ、という使命感に燃えるかも。

残念なことに、完璧な妻ほど、夫から感謝されないもの。

なぜならば、「家事の総体」を見抜けない男性脳にとって、「なにごともなくスムーズに完璧にこなしている」と、何もなかったかのように感じてしまうから。妻の労力と才能に気づかないのです。

時々、パニックになって、「あれもやらなきゃ、これもやらなきゃ、あ〜、どうしよう〜」と言う姿を見せると、「家一軒をキープするのは大変なことだなぁ」と実感してくれます。「完璧すぎると、何もなかったかのように感じる」男性脳の特性によって、完璧な主婦ほど、夫に軽んじられる。不完全な主婦ほど、「かけがえがない妻」だと思われる。なんて、残酷なパラドックス（逆説）でしょう。でも、脳の性質上、歴然とそこにある事実なのです。完璧なかたは、どうかお気をつけて。

家族はお互いに頼り合うことでより愛おしい存在に

また、ヒトの脳には、インタラクティブ性（相互作用性）という性質があります。自分の働きかけに、相手が反応する、よい変化を見せることを快感だと思う性質です。

このため、自分に関係なく、完璧にうまくやっている相手に、人はなかなか情が湧かないものなのです。自分が支えてあげて、その人が生きていける、笑顔が返ってくるという関係に、脳が甘やかな充足感を感じます。昔から「できない子ほどカワイイ」っていうでしょう？

家族で支え合うのは、だから、とても大切なのです。

お母さんが頑張って、家族を支える。けど、ときには、お母さんがちょっと抜けていて、子どもたちもお母さんを支える。そんな子どもたちのほうが、お母さんをかけがえがないと感じていきます。欠点ばかりの凸凹家族こそ、この世の幸せ。今日から「完璧な妻」「完璧なお母さん」を止めましょう。

夫のチェックが煩わしいのは、完璧な妻を目指してしまっているからでは？　たまに手を抜き、夫のチェックに感謝して、頼り返し！　ぜひ、お試しください。

ケース17　夫を〝優しい家事夫〟に変えるコツ

相談 具合が悪いときでも「ご飯、どうする?」と聞いてくる夫に腹が立つ!

「夫は家のことはなんでも私がやるものだと思っています。普段はしかたないとあきらめていますが、私が『風邪気味だから横になるね』と言って休んでいるときでも、『今日のご飯、どうする?』と聞いてくるので本当に腹が立ちます。妻の体調の心配よりも自分の食事の心配をする夫とこの先も一緒に暮らすのかと思うとがっかりします」(57歳・主婦)

回答 男性の「どうする?」は、「どうしらたいい?」も含む

これ、本当に、夫婦あるあるですね。夫に「今日は具合が悪くて、ご飯作れない」と電話したら「大丈夫、食べて帰るから」と言われて、「私と子どものご飯は?」と泣いた話は、何度も聞きました。もし会えるならこのかたの夫に、直接、口の利き方を指南してあげたい。

妻のことを心配はしているんだろうけど、こんなときは「今日のご飯、どうする？」じゃなくて、「うどんでも茹でようか？」「何か買ってこようか？　何食べたい？」とか優しいことばをかけてほしいものです。

ただ、ここで衝撃の事実をお教えしましょう。

男性の「ご飯、どうする？」は、この「うどんでも茹でようか？」「何か買ってこようか？　何食べたい？」を包含しているって知ってました？　なにも「お前が料理の担当だろ。どうするんだよ」なんて言っていないんです。「僕、どうしたらいい？」も含めて、「どうする？」って聞いているのです。

だから、無邪気に、「そうめんが食べたい。つゆに梅干し入れてね」と言えばいいわけ。夫のことばを裏読みすると、無駄に夫を恨んで生きていくことになる。どうか、気をつけて。

妻が家の総司令官だと思っている

男性は、脳の空間認知の領域を優先して使います。空間認知の領域は、距離感や位置関係をとっさに探る場所。もちろん、狩りの現場では、獲物と自分の物理的な位置関係を探るわけですが、人間関係のような概念的な位置関係にも鋭敏なんです。誰が上で、誰が下か。誰が管理者で、誰が司令官か。それを把握したら、その人の命令を待つのが、男性脳の定番。というわけで、妻が、家の総司令官だと思っているから、「どうする？」と聞いているんです。「僕は、どうしたらいい？」と。妻を愛していて、頼りにしているからこそ、このことば。

ちなみに、妻が具合が悪くなったときの料理テクニックくらいは、日頃から「楽しく台所に誘って」仕込んでおきましょう。もちろん、料理ができる男性と結婚するというのも、よい戦略だと思います。

ご相談者は「夫は家のことはなんでも私がやるものだと思っています」と言っていますが、それは「妻の側がそうしてきた」とも言えるんです。家事の担当を明確にせずに、ざっくり全部自分でやって、いい妻を演じてしまってきたのでは？

男性脳は、「担当制」です。役割が決まれば、それを全うすることを楽しみます。

女性脳は、「気づき制」なので、気づいたときに気づいた人がやる。愛があれば、気づきの数が増える、という仕組みです。

男性が、目の前の人の様子に気づかないのは、担当に専念するため。昔々、狩りをしながら生き抜いてきた男性脳は、「縄を持つ係」が棒に手を出してしまったら、チームプレイがうまくいかないので、担当に専念するように進化してきました。自分の担当外は、脳が見ないようにして、集中力を高めるのです。

このため「気づき制」の女性脳からしたら、「いつまで経っても、気づいてくれない」「私の具合が悪いのに、気の利いたことができない」＝愛がないのでは？　と見えてしまうわけ。

夫でも息子でも、家事の担当を割り振っておけば、自分が動かないと、家族が困ることを知ります。そうして初めて「この家を支えているひとりだ」という自覚が芽生えるのです。

家を支えている自覚があれば、料理担当の妻が倒れたときは、「自分が担当を変わってあげなければいけない」と気づき、主体的な発言「〇〇しようか？」が出てくるわけ。家事への参加が明確でないから、ことが起こったとき、すべて、お伺いを立ててくるのです。

私は、夫の「どうする？」には、「どうしよう。何かアイディアある？」と返して、今この瞬間の担当者が夫であることを明確に示します。若い頃には「なんで私に聞くの!?私にやれってか」と腹を立てていましたが、とっくの昔に止めました。

このかたのケースは妻が甘えちゃえばうまくいくと思いますよ。万が一、「妻のくせに！」なんて腹を立てられてたら、「妻が寝込んでるのに、夫のくせに！」と言い返してやりましょう。

合理性が高い男性脳は繰り返すことで訓練される!?

もしも、このような状況で夫に優しいことばをかけてほしいと思っているなら、具体的に言ってほしいことばを伝えておきましょう。

「私が具合悪くて寝込んでいたら、まずは『大丈夫？』と声をかけて」という具合に。

そして、自分の要望をまっすぐ伝えることも大事。「今日のご飯、何？」と聞かれたら、不機嫌になったり、耐え忍んだりせずに、素直に「具合が悪くて作れないから何か買ってきて」と言う。そんなことが2～3回繰り返されたら、さすがに男性脳も、「何か買ってこようか?」と聞いてくれるように変わるはずです。

男性に多い問題解決型ゴール指向の脳は合理性が高いので、脳ができるだけ質問回数を少なくするようになっています。ですから、具合が悪いときに毎回「何か買ってきて」と答えれば、「どうする?」と聞かずに、「何か買ってこようか?」と聞いてくれるようになるんです。妻が毎回、「鍋焼きうどんを買ってきて」と頼んだとすると、そのうちに「鍋焼きうどん買ってこようか?」と聞いてくるようになりますよ。男性脳は融通が利かないから夏でも鍋焼きうどんだったりするので、それはそれで腹が立つんですけどね(笑い)。

ケース18 趣味優先で家事をしない夫

相談 子育て真っ最中なのに、自分のことを優先する夫にあきれる

「夫はとても自分勝手です。子どもの塾の送り迎えやマンションの会合など面倒なことはすべて私に任せ、自分は趣味の釣りに出かけたり、家でゴロゴロして好きなように過ごし

ています。『少しは手伝って』と言っても、なにかと屁理屈を言って手伝ってくれません。常に自分優先の夫に本当にイラッとします」（48歳・会社員）

回答 男性脳と家事をシェアしたかったら、「担当制」にする

マンションの会合なんて、最初から、「不動産のことは男性の仕事だから、私にはとても…」と尻込みするふりをして、押しつけちゃえばよかったのに（微笑）。

我が家では、結婚して初めてマンションを借りたときからずっと不動産関係は夫の担当。当時は不動産関係に女性が出て行くとなめられる風潮があったので、それを夫に訴えて、以降ずっと夫任せ。夫も、「男の仕事」だと腹を括っているので、きちんとやってくれます。夫に家事をやらせたかったら、定番のタスク（担当）を決めて、すっかり頼りにして、お任せするのがコツです。

というのも、男性脳は空間認知の領域が発達していて、「全体性」や「整合性」にこだわる傾向があり、フレキシブルに「とりあえず、ちょこっと、これだけやっつける」というのが苦手。このため、妻の都合で、急に「あれやって、これやって」と振り回すのは酷

なのです。一方で、定番のタスクを黙々とこなし、スキルアップしていくのは、それほど苦にならないので、担当を決めたほうがいいわけ。

このかたは、きっと「夫の担当」を決めずに、自分が困ったときに、温かく手を差し伸べてくれることを期待しているのではないかしら？　今日はたまたま用事があって行けないという日だけ夫に「今日は塾の送り迎えお願い」という具合に。こういう「降ってわいたタスク」は、男性脳を苦しめます。女性の想像をはるかに超えてストレスなのです。

急に仕事を押しつけず、あらかじめ、「これは私の手に余る。助けてくれない？」と頼って、夫の担当にしておくのが、最も賢い操縦法なのです。というわけで、なんでもできる万能主婦でも、何かができないふりをして頼りにするのも、女の知恵です。

私は、電池を換えるのが苦手、ビデオの録画予約が苦手、お風呂場のカビ取りが苦手、ゴミ袋の口を締めるのが苦手、家具の組み立てが苦手、コーヒーを淹れるのが苦手、蕎麦を茹でるのが苦手なので、今や、すべて夫の担当に。

実のところ、電池の中には換えられるものもあるのですが、いったん苦手と決めたら、手を出さないのがセオリー。そのおかげで、「パパ、歯ブラシの電池が切れそう」「パパ、ガスレンジの電池が切れたみたい」と甘えれば、ほどなく新品電池になっていて、とても快適です（笑い）。

担当に任命すれば、備品管理もやってくれる

彼のタスクの中には、およめちゃんに任命されたものもあります。「パパのおにぎり、最高！」と褒められて、その日から我が家のおにぎり係は彼に。

そうとなったら、海苔にこだわり（上野アメ横の海苔専門店のある銘柄に決めている）、塩にこだわり（宮古島の雪塩がお気に入り）、具材にこだわり、本当にどこで食べるよりおいしいおにぎりを作ってくれるようになりました。今や、家族の誰かが「おにぎり食べたい」と言えば、軽やかに立ち上がって、文句も言わずに握ってくれます。

蕎麦茹でも、コーヒードリップも、同様にさっさとやってくれるのです。家族の誰も夫以上のクオリティを出せないから、彼には使命感があるのです。また、やってくれるだけじゃなく、電池や乾麺の補充も、コーヒー豆の補充も、彼が担当してくれています。男性は、使命感に駆られて担当リーダーになれば、やることが本当に徹底していて、気持ちい

いくらいです。

上手に彼のプライドをくすぐって、「定番タスク」の担当に任命して、使命感に燃えてもらいましょう。

夫に頼むときは動機づけが大事

夫のプライドをくすぐるには、「使命感をそそる動機づけ（あなたしかいない、あなただとうまくいく、あなたにしてもらうと嬉しい）」がよく効きます。

たとえば、塾の送り迎えをしてほしかったら、「土曜日のお迎えは、あなたが行ってほしいの。子どもたちにもパパと過ごす時間を作ってあげたいから。あなたのことばを聞かせてほしいし、いつか私には言えないことを、パパには相談するかもしれないし」などと、男親の影響力の大きさを強調したりして。

また、彼自身へのメリットをうたうのもいいですね。「子どもなんてあっという間に育っちゃうよ。塾の帰りって案外本音でしゃべってくれるから、あなたにもシェアしてあげたい。あの子が口を利いてくれなくなる前にちゃんと触れ合っておかなきゃ、寂しくなるわよ」とか、どうでしょうか。

何をしてほしいか、なぜしてほしいかを明確にせず、「少しは手伝ってよ」というざっくり期待を投げつけて、何もしてくれない夫へのイライラを募らせても、何の意味もありません。妻の期待が何か、まったくつかめない脳なんだから。せっかくなら長い結婚生活、夫とうまく付き合っていきたいもの。うまく戦略を練ってみてくださいね。

ケース19 だらしない夫をなんとかしたい

相談 脱ぎっぱなし、出しっぱなしのだらしない夫にうんざり

「うちの夫はだらしなく、『脱いだものは洗濯機に入れて』と何度言ってもその辺に脱ぎっぱなし、『出したものは元の場所に戻して』と言っても出しっぱなしです。50歳を過ぎた男性に、こんな小言をいうのもうんざりしますが、だらしないのは性格だからもう直らないとあきらめたほうがいいでしょうか」（56歳・主婦）

回答「ぱなし」は男性脳の基本機能、直せないのでシステムで乗り切る

以前、ある女性誌で、「夫のイラつく行動」というアンケートを取ったら、「ぱなし」がダントツでした。置きっぱなし、出しっぱなし、脱ぎっぱなし。多くの女性に共通の悩みなのです。

先日も、幼い3人の子を持つ女性が、憤慨していました。——リビングでゴロゴロしていた夫に「早くお風呂入って」と言ったら、さっき脱いだトレーナーをまたぎこしていこうとする。「それ持って行ってよ」と声をかけたら、トレーナーを持ったのはいいけれど、それに重ねるように置いてあった子どもの服を、見事に置きざりに。あまりにも思いやりがない行為に絶望し、「もうこんな夫とは暮らせない！」と思ったと。

3人の幼子を育てている妻からしたら、もう、家事と育児でいっぱいいっぱい。トレーナーひとつ拾う余裕もなくて、悲鳴のような気持ちで「それ持って行ってよ」と言ったのに、平気で、子どもの服を置きざりにして行くなんて、ひどすぎる。家事参加意識ゼロ！育児参加意識ゼロ！　思いやりマイナス！　そう感じて当然ですよね。

たしかに、「子どもの服が目に入ったのに、わざと置きざりにした」とすれば、ひどい夫だと思います。でもね、そこが誤解なんです。実は、男性脳には、脇にある子どもの服が見えていないのです。知っていて無視したのではなく、知らなかったわけ。

たとえば、トイレに行くのなら、飲み終わったビールのコップをついでに片づけてくればいいのに、と妻は思いますよね。でも、「トイレ！」と思って立ち上がった男性には、コップが見えないのです。これらは、男性脳の基本機能なので、もう許すしかありません。

女性が得意な「ついで家事」が、男性にはできない

女性脳は、身の回りを綿密に見るようにチューニングされているので、あらゆるものを見逃しません。たとえば、テレビＣＭの間にトイレに行くときも、テーブルの使用済みのコップを片づけて、トイレから出たときには、玄関に干してあった子どもの傘が乾いていたらクルクルッとしまい、ついでに消臭剤の減り具合も確認する。それだけやっても、キッチンに寄って台拭きを持ってくることを忘れず、テーブルの輪じみを拭く。これを、来る日も来る日も、家族への愛と、家への愛着で、自然にやってのけるわけ。

ところが、男性脳は真逆。目標物を決めたら、目の前のものは見えないようにチューニングされています。ゴール指向と言います。太古の昔から狩りをしてきた男性は、獲物（ゴール）を決めたら、その獲物しか見えないほうが有利です。目の前にバラが咲いていても、イチゴがなっていても、気を取られるわけにはいかないからです。

そのため、「お風呂に入って」と言われたら、「お風呂」に全神経を集中して、目の前のものに目がほとんど行きません。脱ぎ捨てた服を、障害物だと認識してまたぐことはしても、「洗濯機に入れるべき洗濯物」だなんて思いもよらないのです。

なのに、面白いことに男性は、道具なんかはけっこうきれいに片づけるもの。並べる角度まで揃えちゃったりして。

男性脳は、定番に強いので、定番のものを、定位置へ片づけるのはお得意。車の整備も、バイクの整備もできるのに、脱ぎ捨てた服や使用済みのコップなどを「都度、臨機応変に」片づけていくのが、大の苦手なのです。男女では、得手不得手が真逆の関係にあるのです。

夫の「ぱなし」は、システムを作って対処する

脳の違いはどうすることもできないので、システム（仕組み）でなんとかしましょう。

我が家は、「ぱなし」キングである息子のために、玄関から入って正面に彼専用のウォークインクローゼットを作りました。まんまと、クローゼットの前で、カバンを置き、服を脱いでくれるので、それをクローゼットに投げ入れれば、片づけ終了。

万が一、リビングに置きっぱなしにしたときのために、リビングには、彼専用のかごが。家族は、「片づけてよ」なんて言わずに、さっさとかごに入れるだけ。工夫さえすれば、腹が立たずに、付き合えるものですよ。そもそも、悪気がないことが腹に落ちれば、かなりストレスは軽減できるはずです。

「あなたってだらしない人ね！」と言っても、夫にはどうしようもできないので、結果、「わかってくれない」という絶望だけが残ります。脳の基本機能である以上、小言やグチは言ってもしかたがないのです。

ゲーム感覚で「できること」を増やしていく

どうしても、「これだけは」というピンポイントがあるのなら、根気よくお願いし、褒めて定着させましょう。臨機応変は無理でも、「湯上がりのビールのコップだけは片づける」ような定番ならば、しつけることはできます。

その際に重要なのは、できないときの叱責ではなく、できたときの感謝。「ありがとう」は、男性脳にとって、ゴール確認の合図。ゴール指向の男性脳にとって、女性の想像以上に気持ちいいものです。定番タスクを決め、それをお願いしてやってくれたら、「ありがとう。助かったわ」とゴールを積み重ねていくと、そのうちに言われなくてもやるようになります。

女性は、言わずともやってくれる「臨機応変な思いやり」で愛を測りがちですが、男性は「定番を緻密にこなすこと」「ゴールを重ねること」で生き延びてきた脳です。「臨機応変な思いやり」で愛を測ると、愛がないってことになって、とても危険です。

「臨機応変な思いやり」は無理でも、「定番タスク」を着々と増やしていけば、やがて、素敵な暮らしの相棒になります。逆に言えば、定年退職までに、「暮らしの相棒」に育てておかないと、大変なことに。「定年退職までに、いくつの定番タスクを定着させられるか」なんて具合にゲーム感覚で楽しんでいけるといいかもしれません。

ちなみに、我が家の夫は、3年越しで私が言い続けてきた「最後にお風呂に入った人は、蛇口の水滴を拭く」を、この度やっとできるようになりました。優しく諭し、できたときには褒めて感謝し、ここまでの道のりは長かった。先日、2日続けてできたときには、涙が出そうでした。

男女の脳の違いを知らないままで、「この夫は私に誠意も愛もない」と思い込んでしまうのは悲しいこと。男性の「ぱなし」には大らかに対応し、腹が立たないシステムを作ってくださいね。

ケース20 妻のやり方にケチをつける？

相談 夫の口癖は「このほうが理にかなってる」、たしかに一理あるけど気分が悪い

「うちの夫は、何にでも効率性を求め、口癖が『理にかなっている』です。家事を手伝ってくれるのはありがたいのですが、私のやり方を見て、『このほうが理にかなったやり方だ』といちいちケチをつけるので腹が立ちます。たしかに夫のやり方のほうがよいときもありますが、それよりも私は自分の好きなようにやるほうが気分よく過ごせます。こんなうざい夫、どうにかなりますか」（49歳・パート）

回答 理で押してくる夫には、理で返す

理で押してくる夫には、理で返しましょう。「このことだけで言えば、たしかに理にかなっているけど、私の脳の流れを止めるので、結果、家事全体の作業効率を下げるのよ。申し訳ないけど、採択できないわ」と。

男の「理にかなってる」は、ときに「家事の作業効率を下げてしまうので、大局的に見れば、あまりにも非効率」なことがあるのです（全部とは言わないけど）。もちろん、夫の側には悪気はなく、自分の「ありがたいアドバイス」が妻の手足を縛っているなんて微塵も思っていないので、「妻のイライラの原因がわからない」という事態に。タスクの進め方の男女差を知らないと、互いに不幸です。この世の夫の皆さんに、ぜひとも、この回答を読んでもらいたいものです。

「やかんの水」問題からわかること

あるとき、生産管理（工場のライン設計）の専門家が、こんな話をしてくれました。

――妻がやかんに水を入れながら、あれこれ別の用事をするのだけど、水を全開にしておくので、溢れてしまっていた。そこで「あれこれするのなら、その時間を目論んで、水を細めに出しておけばいいのに」とアドバイスしたら、妻が逆ギレした。クリティカルパス（一番時間がかかる作業）を見極めて、生産ラインの流量を決めるのは生産管理の基本で、なかなかいいアドバイスなのに、妻のキレ方はひどかった。

夫の弁は、たしかに正論です。なのになぜ、妻の側は、このアドバイスに逆上するのでしょう。それは、彼女の脳の存在意義を揺るがす「横やり」だからなのです。

ここで理解しておかなければならないのは、家事をするときの脳の使い方です。

とりとめのない多重タスク。これをガンガン回していくキーワードは「そういえば」です。家事は、洗濯機を回しながら、洗面台の汚れに気づいてそれを拭き、ついでにハンドソープの残りが1／3になっていることに気づき、「そういえば、詰め替え在庫あったかな」とパントリーを眺めているうちに「あ、そういえば、トイレットペーパーもあと2巻き」なんてことに思い至ります。

スーパーマーケットで、ケチャップが特売価格になっているのを見て、「そういえば、ケチャップがあと少しだった気が……」と気づいて、それをかごに入れたりもする。ついでに乾物の棚を思い出して、「だしパックも買っておこうかな」なんてことも。

日々の買い物を、完璧に在庫チェックをしてからこなす、なんてこと、到底無理。だって、その在庫は、食材・飲料・調味料・洗剤（台所用、風呂洗い、シャンプー、コンディショナー、ボディソープ、ハンドソープ、洗濯洗剤、漂白剤、下水溝用などなど）、備品

（トイレットペーパー、ゴミ袋、マスク、食器洗いのスポンジ、レンジカバーなど）、化粧品、猫缶、猫砂、子どもの学用品……と多岐にわたるのですから。

しかも、料理・洗濯・掃除・子育て・近所付き合い（働く主婦なら、その上、仕事も！）のついでにやらなくちゃいけないのですから。というわけで、家事がうまく回るかどうかは、主婦たちの「そういえば」力にかかっているのです。

家事はまるでジャグリング

台所でも、同じように「そういえば」を使います。

やかんの水を入れている間に、「そうだ、あれしとこう」となって、ちょっとその場を離れる。それを片づけているうちに、もう1つ「そういえば」が思いつくこともある。そうこうするうちに思ったより時間がかかって、水が溢れてしまうこともある……。

たいていは、ほどよきところで戻りますが、ごくたまに溢れてしまうこともあります。でも、それは想定内リスク。家事は、まるでジャグリング。私たち主婦は、常に自分のキャパ以上のタスクを片づけるために、気づいたタスクをガンガン重ねて、ぶん回します。

たまに、球が一個落ちたから何？　って感じですよね。

大事なキーワード「そういえば」が消えてしまう

冒頭の生産管理の専門家のアドバイス通りに「やかんの水を入れ始めるときに、注水中に何をするかを完璧に計画して、水栓の明け具合を決める」なんていうことをしていたら、準備に時間がかかりすぎます。そもそも、脳のストレスで発想力が阻害されるので、「気づき」が起こらなくなります。そう、脳から、大事な「そういえば」が消えてしまうのです。事前計画をして走り出すのは、「ある程度定型の業務」にのみ有効。

主婦以外のかたは、「主婦の超ギリギリのジャグリング」のおかげで、家がなんとか片づいて、なんとかご飯も食べられているってことを、ほんっと、知ってほしいと思います。

男性の多くが、精緻なシングルタスクを得意としていて、職業上も、その能力を使っているかたが多いので、ついシングルタスクにのみ着目して、意見を言いがち。「やかんの水を入れる」とか「食洗機に食器を入れる」のようなシングルタスクだけに注目すれば、そりゃ、効率のいいやり方はいくらでも提案できるでしょう。

しかしながら、一個一個のタスクは効率化できても、それを直線状につないでいたら、家事は絶対間に合わない！　主婦には主婦の、家事には家事の世界観があるのです。「そういえば」を重ねていくやり方は、心の赴くままに走り続ける、いわば「気楽なマルチタスク」。シングルタスクだけに注目する人から見れば、ときに「いい加減」「遠回りで、非効率」に見えることがあります。しかしながら、「たまの失敗」や「多少、遠回り見えること」を想定リスクに、キャパ以上のタスクをこなしていくタフな神業だとわかれば、効率論なんて振りかざせないはず。

主婦以外のすべての家族に、家事タスクへの理解があったらいいなぁと祈るように思います。

そうそう、「やかんの水」の事例で、夫がするべきだったのは、「水、止めておいたよ。火にかければいいの？」と声をかけること。妻は、「そういえば」案件を心行くまで片づけて、お湯の沸いたやかんのもとへ戻れます。夫の優しい一言こそが、妻にとっては最高の効率化なのです。

ケース21　夫の家事力の低さにお手上げ

相談　**手伝ってくれるのはいいけれど、なにかと中途半端**

「子どもが独立し、夫とふたりだけの生活になったことをきっかけに、夫が家事をやってくれるようになりました。ですが、食器の洗い残しがあったり、洗濯物がいびつに畳まれていたりと、作業の雑な部分が気になり、逆にストレスになっています。手伝ってくれること自体はすごく嬉しいのですが、どうすればよいでしょうか」（49歳・主婦）

回答　**「今日の〝できてない〟」に目をつぶり、「今日の〝できたこと〟」に感謝を**

残念ながら、これが、他人に仕事を任せるということなのです。

その家の主婦以上に、その家の家事を完璧にこなせる人はいないはず。だとしたら、主婦には、必ず粗が見えてしまうもの。その粗とどう付き合うかが、「家事のパートナー」育ての肝となります。夫のみならず、息子のお嫁さんだって同じこと。将来、身体が動きづらくなって、他の誰かに家事をやってもらうときだって、同じ葛藤があるかもしれません。

まず、いったんは、「今日の〝できてない〟」に目をつぶること。つらいでしょうが、第一歩はそこからです。そして、「今日の〝できたこと〟」に感謝しつつ、少しずつ、ステップアップしてもらいます。

なお、家族を家事に巻き込むときには、「専門職」から始めてください。あらゆることに手を出させると、収拾がつかなくなります。

夫は初期型の食洗機のようなもの、自分が仕上げをするつもりで

我が家が最初に食洗機を導入したのは、1996年頃だったと記憶しています。まだ、食洗機が珍しい時代でした。今の食洗機よりも、洗い残し率が高かったように思います。

我が家は、私より夫のほうが几帳面で、食洗機に食器を入れるのに、わざわざ洗剤を使って軽く食器を洗ってから入れる癖がありました。私は、何度も、「そのまま食洗機に入れて。食洗機を導入した一番の理由は、節水なんだから。そんなに水をじゃーじゃー流し

て洗っていたら、節水の意味がない」と言うのですが、彼は下洗いを止められない。たまに洗い残しがあるのが、気になってしかたがない、と言うのです。

そこで、私はこう言いました。「食洗機はアメリカで誕生したものでしょう？　だったら、使うときは、アメリカ人にならなきゃ。つまり、多少の洗い残しは洗いなおせばいい、くらいの気持ちで、ど～んと構えなきゃ」（アメリカ人が、そういう合理性の持ち主かどうかは定かではありません。あくまでも私たち夫婦のイメージです）。

食洗機から、食器棚に移すときに、気になったら、再度洗えばいい。完璧を期して、下洗いをしてから入れるのなら、食洗機の意味がない。そういう合理性がなかったら、初期型の食洗機は導入してもストレスになるだけでした。

結婚して何十年も家事をしてこなかった一般的な夫は、「初期型の食洗機」のようなもの。やらせてみて、「できなかった」ことは「やり直せばいい」くらいの気持ちでど～んと構えないと、始まりません。

洗い残しも、斜め畳みも、やり直せばいいだけのこと。なぜ、そんなに目くじらを立てるのでしょう？

人に家事を任せるとき、任せたら完了だと思うから、不完全な部分が「手戻り」になって腹が立つ。人に家事を任せるときは、「自分が仕上げをする」つもりで任せます。そうすれば、不完全な部分が〝想定内〟なので、腹が立ちません。その心の余裕で、少しずつ、こちらの要望を伝えていけばいいのです。

最初は感謝から始める

初めてしたことには、成果の良し悪しにかかわらず、感謝や称賛をあげます。なにごとも、最初の印象が、とてもとても大事だからです。

歌舞伎の名門では、幼い子をデビューさせるとき、細心の注意を払うと言います。ひいき筋にご挨拶して回り、花道をひいき筋で埋める。先代、先々代からのごひいきさんたちは、愛らしい後継者が登場しただけで、どっと沸いてくれる。手を挙げれば拍手、足をあげれば拍手、転んでも拍手。自分の一挙手一投足に、客が喜んでくれる。

そんな初舞台の「成功体験」は、潜在意識の奥深く入り込み、これからの役者人生のすべてにわたって支え続けると信じられているからです。実際、そうである役者さんたちが多いのでしょう。

家事を手伝えば、妻が幸せになる。そんな刷り込みがまずは必要です。最初のうちは、とにかく感謝して、前回よりも成長があれば、それを讃えます。3歳の歌舞伎役者が、桃太郎の衣装を着て、一生懸命舞台で踏ん張っているのと同じだと思ってみて（微笑）。

専門職（リーダー）になってもらう

家事のパートナーとしては、「あらゆることをちょこっと手伝ってもらう」が、一番便利なのですが、それだと、夫の「できないこと」が、自分のタスクの手戻りとなって、イライラすることから抜け出せません。

なので、基本、家事は一緒にはやらない。相手に最初から最後までを一貫して任せる担当制にすることをおすすめします。しかも、リーダーに任命します。

定年退職後の我が家の夫は、かなり完璧に洗濯リーダーをこなしています。持ち前の几帳面な性格も手伝って、今やプロフェッショナルと呼びたいレベル。畳み方も、「ホテルか！」というくらいの出来です。現役バリバリ世代の夫たちには、いきなり洗濯リーダーは難しいでしょうから、「麺を茹でる」とか「庭の水やり」とか、ライトなタスクから始めては？「麺を茹でるのは、これから、あなたの役割にしてほしい。私はよく茹ですぎるから。その代わり、あなたの使いやすい道具を揃えるわ」のように。

男性脳は、1つの目的に向かって邁進するのが得意です。ときには蕎麦を茹で、ときには肉を焼き、ときにはマヨネーズを取ってほしい、というマルチタスクに応えるのには向いていないので、モチベーションが上がらないのです。我が家の夫の蕎麦茹での腕も、いまや超一流。市販の乾麺が、生麺のような味わいに仕上がりますよ。専門職制、お試しあれ。

「だから言ったでしょ」は禁句

よほどのことがない限り、基本的に、リーダーのやり方は尊重します。洗濯リーダーとなった夫は、洗剤からピンチングハンガーまで、自分の好みに換えました。夫と私では「使いやすさの種類」がかなり違うので、びっくりしました。私の土俵で、「精度を上げろ」と言っても無理だったんだなと、改めて納得。

それでも、私が気になったことは、「リーダーへの提言」として行います。たとえば、なんでも太陽光にさらしたい夫に、「私やおよめちゃんのおしゃれ着や、こたろうさん（孫）のものは陰干しにしてほしいの。紫外線で繊維がかたくなるから」と言ったりしています。

向こうも、自分が洗濯リーダーとはいえ、私が35年も先輩なのを納得しているので、私の提言を、いきなり拒絶はしません。それでも、たまに隠れて太陽光で干すので、せっかくの孫用の今治タオルがごわごわになって、私にクレームをつけられることも。不具合な結果が出れば、次からは徹底してくれます。一度や二度の失敗は、有能なリーダーを育てるための〝投資〟と心得て（今治タオルは痛かったけど（涙））。

提言を聞いてくれない夫には失敗を体験してもらうのが一番。ただし、気をつけて。「だから言ったじゃないの」は禁句です。相手の脳に強い反発心が起こって、脳の学びにならないからです。反発心は、すべての脳の学びをチャラにします。「こたろうさんの今治タオル、こんなふうになっちゃったの。どうしてかな。日向に干していないはずなのに」と、すっとぼけて悲しがってみたら、うちの夫は「外に干しちゃったんだよ。ごめんね」と謝ってくれ、以後、ちゃんと屋内干しを順守しています。

人を育てるということ

やってみせ、言って聞かせて、させてみて、褒めてやらねば、人は動かじ。

話し合い、耳を傾け、承認し、任せてやらねば、人は育たじ。

やっている姿を感謝で見守って、信頼せねば、人は実らず。

——かの有名な山本五十六のことばです。家事を分担するとき、私は、このことばを復唱しています（微笑）。


家事は、非常に複雑なマルチタスク。人工知能が最後までできないタスク分野とも言われています。一朝一夕では身に付きません。特に男性脳には、苦手な分野。どうか、温かく見守ってあげてください。

第四章

膨大なふたり時間はかなり危険「定年の壁」

人生100年時代、30歳で結婚したとして、結婚生活は、なんと70年にも及ぶ。夫の定年が65歳だとして、その時点で、結婚生活はまだ半分しか終わっていないのである。胸を高鳴らせてバージンロードを歩いたあの日、子どもの成長に一喜一憂したあの日――この35年間のイベント満載だった結婚生活と、うまくいけば（下手すれば？）ほぼ同じ時間を、これから歩いていくことになる。気が遠くなるような話じゃないだろうか。

しかも、膨大な時間を与えられたふたりは、互いを見つめる時間ができるので、「なんとなく」だった不満が顕在化して、デフォルメされやすい。そのうえ、子どもの巣立ち、老親の介護も終わればふたりきりなので、遠慮も要らない。かくして、2つの正義がぶつかり合って、夫婦の壁は厚くなるばかり。定年退職後の夫婦時間は、かなり危険なのである。

再びのふたり時間を末永く楽しむための、日常の決めごと、心得。今一度、それを確認したほうがいいのではないかしら？

ケース22　子どもが巣立って、夫に我慢の限界が

相談　子どもが巣立ったあと価値観の違う夫とケンカしないためには我慢するしかないの？

「私と夫はもともと価値観や考え方が合いません。子育て中は子どもの前で言い合いをするのはよくないと思い、イラッとしても私が我慢していました。しかし、子どもが結婚して家を出た今、夫の言動に腹が立つと我慢できずに文句を言ってしまいます。特にコロナ禍で一緒にいる時間が増え、夫との言い争いも増えました。ケンカを避けるには、以前のように私が我慢するしかないのでしょうか？」（58歳・パート）

回答　同じ価値観を共有できるだなんて、夢にも思わないこと

夫の言動に腹が立つことって本当に多いですよね。向こうも実は、同じだけ妻の言動に戸惑っています。なんと、それこそが「夫婦の本質」なんです。

生物はすべからく、自分にない特性の持ち主と子孫を残そうとします。子孫の「免疫」

にバリエーションができるからです。このため、感性が正反対の相手に惚れてしまうわけ。おしゃべりな人が寡黙な人に惹かれたり、せっかちがおっとりに惹かれたり、大雑把な人が繊細な人に惹かれたり。清廉潔白な人ほど、悪意も棘もある人に惹かれたりね。そんな真逆の相手に、ほんのわずかな共通点があったとき、人は心震えるわけ。

99%合わなくても1つ合うところに感動するのが恋

恋人時代は、100%のうちほとんどが合わない相手に1つ合うところを見つけるから、それをダイヤモンドのように感じます。この人ってよくわからなくてミステリアスだけど、「チャウチャウ犬が好きなのね！　私と一緒だわ！」なんてことがあると、「運命の人」だと思ってしまうものなんです。

行動も好みも一緒な相手だと、そこまでの感動はなし！　人間は価値観や考え方が違うのに、ほんの少し同じところがあるとわかって感動するから恋をするわけなんですね。ところが、夫婦になると合わない99%のほうが気になり出します。

夫婦は「とっさの脳神経回路の使い方」がまったく違うので、行動がすれ違います。正解や正義が違います。このため、お互いに「自分が正しくて、相手が間違ってる」と思うことがほとんどです。

あなたが「絶対、私が正しい」と思っているように、相手もそう思っている。たとえば不安を感じたときに、「周囲が見渡せる、広い場所にいるほうが安心」と感じる脳と、「狭い場所に身を潜めたほうが安心」と感じる脳の持ち主は、いくら話し合ったって結論は出ません。どちらにも一理あり、どちらも、相手が安心な場所が不安でしょうがないんだから。

たとえば、机に座って、ノートに文字を書くとき、ノートを斜めにしたほうが書きやすい人と、まっすぐにしたほうが書きやすい人がいます。実はこれは、生まれつきの骨の動かし方の違いからくる癖で、人類はほぼ半々なのです。私は、大きく斜めにして書くタイプで、まっすぐ派の夫にしてみたらだらしなく見えるらしいのですが、ノートをまっすぐにすると、文字がまっすぐに書けません。こういう、本能的な感覚は、どっちが正しいとはけっして言えない、個人的な問題なのです。

しかも、夫婦は、こういう本能的な感覚が真逆の相手に惚れているので、ありとあらゆることに折り合いがつかないのです。食べやすいスプーンのかたちが違い、使いやすいトイレブラシのかたちも違う。「正解がどっち」とは言えない問題が、生活の中に山ほどあります。なのに、なぜか、多くの夫婦が、互いに自分の正義を言い募ります。「スプーンはこういうかたちがいいに決まってる」みたいにね。

我が家は、互いに骨のタイプが違うことを知っているので、こういう争いは一切ありません。「僕は、これが使いやすいんだけど、きみはどう？」という口の利き方になるから。まずは、夫婦は、まったく逆の答と正義を持っている者同士だと、腹を決めてしまうこと。そこからでないと、安寧なコミュニケーションは生まれません。

夫婦で「なんとなく」「一緒に」は不可能

担当リーダーを決めて、その判断に任せる。これは、我が家でも実践しています。夫が定年退職してから、夫が洗濯リーダーです。洗剤や漂白剤も、ピンチングハンガーも、すべて夫のチョイスに変わりました。

「係」ではなく「リーダー」と呼ぶ理由は、「係」だと「やるべきことを遂行する人」で、

「リーダーはやるべきことを決めて、中心となって遂行する人」だからです。洗濯リーダーは、洗濯のやり方もタイミングも、自分で決められます。「シーツ、洗っといて」に、「今日はしないよ。大物は休みの日だから」も可。私は自分のワンピースを自分で洗いたいときにも、「洗濯機使ってもいい？」とお伺いを立てます。今朝は、出かける夫に、「洗濯しといて」と言われて、「は〜い」と気持ちよく返事してあげました。リーダーは、命令してもいいのです。

責任者を決めて、責任者の指示に従う。「なんとなく」で押しつけ合わないで、責任者（リーダー）と係を決める。それが、家族円満の最大のコツです。

家の動線を考えるのも1つの方法

夫の言動に腹が立つ理由が、生活動線で解消されることもあります。

私は、住宅メーカーで、妻がイライラしない家を開発しています。その家は、玄関に、リビングに向かう動線の他に、大容量のウォークスルー（通り抜け）クローゼットを配置しました。クローゼットを通り抜けた先には、洗面所があり、そこからリビングに出られます。

家族は帰宅したら、まずはそのクローゼットに入り、カバンを置いて、コートやスーツを脱ぎ、洗ってほしいものを持って洗面所に行き、脱衣カゴに服を入れ、手を洗ってリビングに入るという動線を作ったんです。

そのおかげで、リビングにコートや靴下を脱ぎっぱなしにしたり、カバンを置きっぱなしにするということが起こらなくなります。ショールームでご覧になったお客様の評判もとても高く、業界でも噂になりました。

建て替えるまでのことをしなくても、家の動線を考えてみるのも1つの方法ですよ。イライラすることは、まずはシステムを作って減らしましょう。

妻が帰ったら夫が出迎えるルールに

夫の腹立たしい言動を、あらかじめルールにして防ぐ、という手もあります。

私の場合、イライラするポイントは、私が買い物から帰ったときに夫が迎えに出てこないことでした。共働きだと、バッグにパソコンが入ったアタッシュケースと買い物袋2つを持ち、さらにはトイレットペーパーを指に引っ掛けて帰ってくるなんてこともざら。仕事帰りに買い物までしてクタクタなのに、そこから座りもせずに夕飯の準備をしないといけません。それなのに、先に帰っていた夫が「おかえり～」と言いながらテレビなんか見ていたら私はすごく腹が立つ。

たくさんの荷物を持っていても帰ってくる途中には、「こんなことなら家族なんて持たなければよかった」なんてまったく思わないのに、誰も迎えに出てこずに部屋でのうのうとしている家族を見ると、「この人たちのためにどうして私はこんなに大変な思いをしているの！」と思うことがあって、これは危険だなと感じました。こんなことが続いたら、そのうち離婚したいと思うだろうなと。

そこで、「私が帰ったらとにかく荷物を受け取りに来ること」を、夫にお願いしてルールにしました。私が帰ってきて「ただいま」というと、夫はすぐに玄関まで飛んできてくれます。その姿を見ると、「この家族のために買い物して帰ってきてよかった」と思う。そうしてみて、改めてこれが私の家族愛ポイントだとわかりました。初めはルールにしても、そのうち自然にやってくれるようになって、そうすると愛おしく感じるものですよ。

ぜひ、自分がイラッとするポイントを探してみてください。そのポイントは、自分が思っている1つ前にあることも多いんです。

家に帰って部屋に入ったら脱ぎ捨てたものや飲みかけのコップが置いてあって、のうのうとしている夫の姿を見れば「この人がだらしないから腹が立つ！」と思ったりするけれど、実はイラッとしているポイントは、1つ前の玄関に出迎えてくれず、自分を思いやってくれないことに傷ついているからだったりします。自分が何にイラッとしているのかを分析して、そのポイントを見つけて、夫がやってくれないと困るもの、または夫がやってくれると夫のポイントが上がることはルールにしてみて。

ルールにするときは、「それが正しいから」「そうするべきだから」「そうしないと腹が立つから」なんて言い方をせずに、「そうしてくれると嬉しいわ」とポジティブな言い方でお願いしてくださいね。そのほうが相手も気持ちいいはず。

イライラすることは、システム化やルール化することで解消し、幸せのポイントを貯めていくこと。感性の真逆な男女＝夫婦は、そうでもしないとつらいばかりになってしまいます。

ケース23　一緒にいる意味が見出せない

相談 夫とゆっくり過ごしたことがない。これでは、一緒にいる意味がわからない

「夫は忙しく、休日出勤もたびたびあり、その状況はコロナ禍でも変わりません。そのため家事や育児はほとんど私ひとりで行い、夫とゆっくり過ごしたことはありません。夫は自営業で定年がなく、子どもの手が離れてもずっとこのような状況が続くと考えると、夫と一緒に暮らす意味があるのかわかりません」（51歳・会社員）

回答 「一緒にいる意味が見出せない」を軽く見てはいけない

以前、ある雑誌で、離婚した女性たちに、「夫に離婚を切り出すときの〝最初のセリフ〟を教えてください」というアンケートをとったことがありました。このときの第1位は、「一緒にいる意味がわからない」でした。

「一緒にいる意味がわからない」「あなたと暮らしていく意味がない」「ふたりでいる意味がなくなった」などと、結婚の意味を見失ったことを訴えるケース。あるいは、「私たちの結婚って、意味があるの？」「あなたにとって、私（この家）は何？」などと意味を問うもの。この2つを合わせると、圧倒的な1位だったのです。

私は、このご相談を読んで、胸が痛くなりました。冷静な文章をお書きですが、ご相談者の絶望は、ご本人の自覚以上に深く、きっとご本人が想像するよりずっと離婚に近い場所にいます。今手を打たなければ、ある日ふと、取り返しがつかない場所に来ていると気づくことになると思います。

なのに、きっと夫は、まったく気づいてもいないはず。なぜなら、「気持ち」ではなく「ことの是非」を強く優先する男性脳にとっては、「一生、共に暮らす」と結婚式で誓ったこと、その責務を果たすことこそが一緒にいる理由だからです。脳の機能性からすると、それもまた崇高な愛なのは間違いがないのですが、「共に時を過ごして、共感したり、慰め合ったり、ねぎらい合ったりすること」をもって愛あるいは結婚と呼ぶ女性脳にとっては、契約なんて、何の意味もありません。

この相談においては、このような女性脳の特性を、夫に理解してもらうことしか解決策がありません。この回答は、どうかご夫婦でお読みくださいね。

「共感」がなければひとりでいるより孤独

ご相談者は、「夫とゆっくり過ごす時間」がないとおっしゃっていますが、寂しさの本当の原因は「共感」がないことなのではないでしょうか。

ひとりぼっちで家事をして、ひとりぼっちで子育てもしてきた。「今日は天気がよかったからシーツがパリッと乾いたね」とか「この味噌汁は格別だね」とか「あの子は作文のセンスがいいよね」なんて言い合ったことがない。それが寂しいのでは？　でもね、長い時間を共にしたって、たいていの夫は、そんな会話が交わせやしません。

出かけようとすれば「どこに行くんだ？」、家事をする手を見て「そんなに水を出したら勿体ないだろう」なんて言うのが関の山。置きっぱなし、脱ぎっぱなしを注意しても、うるさがるだけ。世間話をしてあげても上の空。あげく、「きみも悪いよ。こうすればよかったんだよ」なんて余計なアドバイスをかましてくる。口を開けば、腹が立つことばかり。共感してくれない夫なら、いないほうがマシ。ふたりでいるのに、ひとりでいるより孤独、と感じる妻もたくさんいます。

一緒にいる時間が少なくても、日々のなんでもない話を温かく交わせる夫、悲しみや喜びに深い共感をくれる夫なら、女性はけっして手放すことはありません。なぜなら、女性は、「共感し合うことこそが、人と一緒に生きる意味」だと知っているからです。

実は、「時間」じゃなくて、「共感」が足りない。まずは、そのことの気づきから、始めましょう。そして、共感対話ができる夫婦になることです。夫に時間がなくても、夫婦の対話は成熟させることができます。そうしたら、きっと、かけがえのない夫になっていくはず。

妻を寂しがらせる、夫たちの対話方式

多くの男性は、ゴール指向問題解決型という回路を優先して使います。ゴール（目的、目標）に意識を集中して、合理的な問題解決を急ぐ回路です。ゴールが見えない話は、男性脳には何の意味もありません。一気に結論に向かうこと――これが男性たちの対話ミッ

ション。「○○がない」「○○はまだか」「どこへ行く」「いつ帰る」「お前はなんでそうなんだ」のように。

結論と責務に意味を見出し、共感や「ゴールに至るプロセス」には意味を見出せない男性脳と、共感やプロセス（一緒にいる時間）にこそ意味を見出す女性脳。このすれ違いが、一緒に暮らす女性を、寂しがらせる理由なのです。

子育てが終わってふたり生活になったら、女性脳のために、少しは譲歩しないと危ないと思います。離婚原因に「一緒にいる意味がわからない」とあげた妻は、容易には気持ちを変えないのだそうですから。

仕事一筋とはいえ、もう子育ても終わったことだし、少しペースを落としてもよいのでは？　もしも、時間が作れないとしても、ちょっとした対話の共感レベルを上げることである程度対処できます。

「目的のない話」の目的はただ相手と話すこと

まずは、妻との対話を、５Ｗ１Ｈの質問で始めないこと。妻と対話しようとして、「今日、何してた?」なんて聞いてないでしょうね? こんなの「何か文句でもあるの?」と女性脳に警戒心を起こさせるだけ。もちろん、これをきっかけに、怒濤のようにしゃべってくれる妻もいることにはいますが、それでも、今からご指南する導入のほうが盛り上がります。

共感型対話は「相手への質問」からは始めません。「自分の話」から始めるのです。私は、話の呼び水と呼んでいます。自分に起こった些細なこと。オチもウンチクもない、なんでもない話から始めます。

女性たちは、女子会の始めに、「さっき、駅の階段でこけそうになった」とか「○○を買おうと思ったのに、時間がなくて買えなかった」とか「今朝、あなたの夢を見た。内容は覚えてないけど」みたいな、オチもウンチクもない話を交わし合います。男性から見たら、こんな情報価値のない話、なぜするのか理解に苦しむところでしょう。

「目的のない話」にも、実は目的があります。それは、「ただ、あなたとしゃべりたいんだ」という意思を伝えることです。つまり、女性たちは、会議や女子会の前に、「あなたと話したい」を表明するために、「目的のない話」をプレゼントし合っているのです。

「目的のない話」は毎日できる愛の告白！

「目的のない話」は、「あなたと話したい」の意思表示。家に帰ってきた夫が、なんでもないことを話してくれたら（たとえば、「〇〇さんとこのもみじが真っ赤だったな。きみも見た？」とか、「お昼に麻婆豆腐食べようと思ったら、前の人で売り切れ。がっかりだよ」とか、「今日は、信号がことごとく青でさ」とか）、愛おしくない？

夫の「なんでもない話」は、愛の告白にも匹敵する、と私は思います。夫婦で、なんでもない話が交わせるふたりになること。それは、子育てを終えたふたりが、そこから長い人生を共に歩いていくための、大事な大事な課題です。

我が家は、息子が、「なんでもない話」の達人。「肉屋のコロッケって、おいしいよね。ラードで揚げたやつ」とか「駅前の交差点、風がすごくてさ」とか。ときには、「月がきれいだよ、一緒に見よう」「雨がすごいよ。一緒に見ようよ」とベランダに誘ってくれました。社会人になっても。今も、およめちゃんと、そんな会話をずっとしています。

「なんでもない話」ができる夫。柔和な顔で、「今日、自分に起こったなんでもないこと」を妻とシェアしようとする夫。楽しい話であれ、悲しい話であれ、悔しい話であれ。そんな夫を、女は手放さない。男性たちは、絶対に、このことを知っておくべきです。

夫が「なんでもない話」をできるようになるには？

我が家の夫は、基本は対話クラッシャー（壊し屋）です。

このないだも、私がちょっと失敗したとき、しかめっ面をしながら「あ〜、気をつけないから！」と言ったので、「セリフが違うでしょ」と言いました。「大丈夫？ 気をつけてね、でしょ」と。「この年になったら、ことばは相手のために紡ぐもの。失敗して痛い思いをしている妻に、追い打ちをかけてどうするの。あなたが失敗したとき、私がなんて言ってる？ 『大丈夫？ 手伝おうか？』でしょ」。

そうしたら、神妙な顔をして、「これ、ママの目玉焼きだよ。食べる？」と声をかけてきました。息子が焼いた目玉焼きで、夫に言ってもらわなくても、私の分なのは明白なのに（苦笑）。「相手のためにことばを紡ぐ」をやってみたのでしょうね。

夫が、「なんでもない話」を妻にプレゼントできない理由は、彼の母親がそれを息子にしなかったから。私は、息子が幼いときから、これをしていました。将来、大人になった彼と、「なんでもない話」を交わせる仲になりたかったから。ときには「部下が、気が利かなくて、とほほだよ」のような大人の愚痴も聞いてもらいました。息子に「気が利かないって、どういうこと?」と聞かれて説明すると、「あ〜、保育園にもいる〜」と共感してくれて……。「あ〜、あなたのおかげで明日も頑張れるわ」と抱きしめたのを覚えています。

息子は、15歳の誕生日に、「働く母で寂しかったよね、ごめんね」と謝ったら、「そうだね、小さなときは毎日、ハハ(彼は私をそう呼ぶ)を待ってた。でも、もう一度生まれてきても、働くハハがいい。一生懸命でかわいかったし、なにより、外の空気を持ってきてくれるのがよかった」と言ってくれました。「なんでもない話」=「彼と一緒にいない時間に、私に起こったことの話」は、息子の脳には、そんなふうに映っていたのだなと胸がいっぱいになりました。

こういう経験のない夫に、「なんでもない話」を、ぼんやり期待しても無理というもの。ただ待っていても、優しい「相手のためのことば」なんて、一生出てきません。彼の母親がサボったことを、妻がしてやらなければ。

なんでもないことを話して、その答え方（共感のしかた）を誘導してあげる。私は、「ここで共感だよ。やってみて～」と甘えます。夫にも、「大丈夫？」「ありがとう」を降るほどあげる。脳は、入力しないことは出力できません。優しい対話の経験を積まないとね。根気が要りますが、定年退職からの夫婦生活はうんと長い。気持ちいい対話の相手にしておかないと、自分が寂しい思いをするばかりです。

「なんでもない話」を交わせるためにもふたりでできる習慣を持とう

「なんでもない話」を交わせるようになるには、ふたりで、何かを一緒にすることも、大きなポイントです。

一緒に洗濯をすれば、「今日は晴れてたから、シーツがパリッと乾いたね」が言えるし、一緒に料理をすれば「肉屋のコロッケって、おいしいよね」が言えるようになる。

なんでもない話ができない夫には、「ふたりの共通体験」も不可欠です。休日の料理は一緒にする、洗濯物を一緒に干す、なんてところから始めてもいいですね。家事を少しは手伝ってよ、などと義務感に訴えるのではなく、「あなたと一緒の時間を増やしたいから、一緒に干して」と誘ってみる。

家事には誘いにくいというのなら、同じ趣味を始めてみては？　趣味というほどじゃなくても、「金曜日の夜の散歩」を日課にしてもいい。「人生は、振り返ってみると案外短いから、あなたと過ごす時間を大切にすることにした」と宣言して。週一の散歩が習慣になれば、仕事帰りに見かけた桜の花を妻に見せようとして、「今日は、あそこの公園に行こう。桜が満開なんだ」なんて言い出すかも。

そのためには、妻のほうも、散歩の途中で見つけた花に感動して見せなきゃね。足元のタンポポに感動する妻を見て、次は満開の桜を見せたくなる。それが人情だから。

そう、なににせよ、先に「入力」。反応の鈍い夫に、最初は心が折れそうになるかもしれないけれど、「入力」の積み重ねは必ず返ってきます。51歳、まだまだ人生半分残っているんですもの。頑張りましょう。

ケース24 言うことを聞かない夫

相談 夫のためのお願いをしても、夫は言うことを聞いてくれません

「夫はよく食べ、よく飲み、タバコも吸うため、メタボで不健康。何度注意しても生活習慣を改めてくれません。健康診断では要注意項目はあるものの、決定的な病気になっていないためわかってくれません。もし夫が病気になったら家族が困るので本当に腹が立ちます。どうしたら夫の生活習慣を改善させることができますか」（55歳・専業主婦）

回答 結果を責めるのではなく、道のりに寄り添う必要がある

おそらく、このご相談者は、「食べすぎ」「飲みすぎ」「タバコはやめて」と、やめてほしいことを単に言い募っているだけでは？　やめるための方法を一緒に考えたり、夫の失態を自分の失態のように悲しがったりしてはいないのではないでしょうか。

男性脳はゴール指向型なので、結果が出ることなら、それに邁進してくれるのですが、

「生活習慣病の予防」のような、延々と続くプロセスを重ねていくこと（結果が見えないこと）が苦手なのです。

結果の見えないことに邁進できない夫をその気にさせるには、北風作戦と太陽作戦があります。

北風作戦は、「うんとネガティブな結果」を具体的に提示して、ビビってもらうこと。タバコをやめさせたかったら、「肺で死ぬのは苦しいよ〜」と脅すとか、生涯のタバコ代を算出してみることとか。太陽作戦は、妻の愛3点セットを使います。私は、こちらのほうを、熱烈推薦します。

「謝ってあげる」「優しく誘う」「がっかりする」の3点セットが効く

糖尿病の夫が、甘いものを口にしてしまったとき、私もついなじってしまうこともあるけれど、できるだけ「私が先に気づいて、止めてあげればよかった」「甘いものを出しっぱなしにしてごめんね」と言ってフォローするようにしています。

甘いものを口にしそうになったときも、「私も我慢するから、ここは耐えよう」とか

「野菜を先に食べてから、半分だけね。私と半分こしない?」と誘ってみます。それでも、抑止が効かずに口にしたときは、「将来、ずっと一緒にダンスしたいのに、糖尿病がひどくなって足を悪くしたら無理だよね」とがっかりしてみせます。

妻の愛3点セットをまとめると、左のようになります。

【1】「夫の失態」を自分の失態のように謝ってあげる

【2】いい方向に誘ってみる

【3】「夫への期待」を語ってがっかりしてみせる

夫が完全に自制してくれる日はまだ来ていません。とはいえ、ここ10年でメタボは完全に消えて、血液の検査値の中には、わずかに改善しているものも。要注意は、きっと一生続くと思いますが、家族で支えられるところは支えなきゃ。

結果をなじるだけでは、男性脳は頑なになります。けれど、妻の愛3点セットなら、案外、夫を素直にします。動機は、愛じゃなくたっていいんです。単なることばの戦略。でもね、夫が素直に従ってくれたら、きっとあとから「言ってあげてよかったな」と思うはず。愛はあとからついてきます。ぜひ、お試しください。

ケース25　夫に愛着がわかない、介護できるのか不安

相談　晩婚でラブラブ感はなく今後の介護が不安

「私たち夫婦は晩婚だったので、結婚して2年目です。私は55歳で夫は60歳なので、年齢的にラブラブな夫婦生活はありません。しかし、このままだと、もしも夫に介護が必要になった場合、介護してあげられるかと不安になりました。もちろん夫を嫌いなわけではありませんが、大丈夫でしょうか？」（55歳・会社員）

回答　触れ合う習慣が、とてもとても大事

穏やかな情で結ばれたご夫婦なのですね。若い頃のように「相手に触れたくてたまらない」衝動があまり起こらず、ベタベタ期がないまま安定期に入ってしまったので、不安をお持ちなんだと思います。

でも大丈夫（というのもなんですが）、多くの妻たちが同じ不安を抱えています。たとえ激しい恋愛で結ばれても、50代以上の夫婦なら、ベタベタしてたのは、もうはるか遠い昔のこと。相手に触れたくてしかたない、キスしたくてたまらない気持ちなんて、もう思い出せもしないのですから。

女性脳の警戒スイッチ

女性の脳には、「基本、異性との接触に不快感を覚える」という仕掛けがあります。哺乳類のメスは、オスに比べて生殖リスクが圧倒的に高いので（身ごもって命がけで出産し、授乳もしなきゃならない）、不用意に生殖するわけにはいかない。そこで、異性のアクションに対して、強い警戒信号が流れるようにあらじめ設定されているのです。この警戒スイッチは、発情すると一定期間入りにくくなります。つまり、触られても嬉しいばかりの恋愛期の訪れですね。

しかし、結婚後しばらくして、警戒スイッチが再び作動してしまうと、相手が間合いをつめてくることに不安を感じたり、皮膚接触に抵抗が生じることに。いくら愛していても、この本能のスイッチは止められません。

警戒スイッチを無効にする方法

この警戒スイッチを作動させないためには、接触を習慣にしてしまうしかありません。警戒スイッチは、イレギュラーなほど、強く作動するからです。

たとえば、毎朝、「いってらっしゃい」のハグをする。あるいは、「おやすみなさい」の握手をする。もちろん、両方できればよりいいと思います。

私も50代の終わり頃、ご相談者と同じ不安に駆られて、「いってらっしゃい」のハグをするようにしました。最初は互いにおっかなびっくりという感じでしたが、毎日することなので、やがてスムーズに。やはり、習慣は大事だなと思います。

俳優の藤竜也さんと対談したとき、素敵なことを教えてもらいました。6歳年上の奥さまが80代になった頃から、寝る前に握手をするようになったのだ、と。

というのも、ある日のこと、帰宅したら妻が居間で眠りこけていて、まるで息をしていないように見えたので、心臓が止まりそうになり、「この歳になると、おやすみなさいと目をつぶって、二度と目を開けない、なんてこともある」ということに気がつかされたのだそうです。なので、その日から、妻にお願いして、寝る前に握手をしてもらうことにしたのだとか。もしかすると、どちらかが目が覚めなければ、永遠の別れになるから、と。

藤さんはこうおっしゃいました。「それが習慣になったら、妻の手が愛しいんだよ。皺も血管も浮き出た老女の手なのに……。若い女性の手は、もちろん、きれいだとは思うよ。けど、僕には、妻のほうがきれいで愛しいと思える」。

男性脳にとって心地のよい「習慣」は夫婦を救う

「習慣」は、男性脳にとっても、とても心地よいものなのです。

狩りをしながら進化してきた男性脳。空間全体を一気に把握して、危険なものを感知しなければならない男性脳にとって、「いつもと違う、変化のある場所」は、女性の想像をはるかに超えてストレスです。一方、「いつもの場所、いつものやり方」は心地よく、だから「定番」を愛するわけ。行きつけの床屋や飲み屋を容易には変えない男性たちは、習慣にすれば、甘美な思いが漂う可能性が高いのです。藤さんのように。

妻の警戒スイッチを無効にして、夫に甘美な気持ちをもたらす、夫婦の接触習慣。ぜひ、お持ちくださいませ。

考えてみれば、人生の後半戦に「いってらっしゃいのハグ」と「おやすみなさいの握手」ができる人がいるって、素敵なことじゃないかしら。

ケース26 夫が無趣味で、ずっと家にいる

相談 出不精の夫をアクティブにするには？

「夫は無趣味で休日もずっと家にいます。コロナ禍ならそれでもよかったのですが、通常モードになってもずっと家にいられるとなんとなくイライラ。一緒に出かけようと誘っても『出かけたくない』と言います。私は友人と会うなど出かけることもありますが、夫がずっと家にいると思うと、なんとなく気が引けます。こんな出不精の夫をアクティブにする方法はありますか」（48歳・専業主婦）

回答 男性脳はゴール指向型、目標なしでは動けない？

無趣味の夫。そのまま定年退職されてしまうと、時間を持て余す夫を持て余してしまうことになり、危険です。趣味も仕事もない在宅夫は、食べることだけが「次のゴール」なので、朝から「昼ご飯、何？」なんて聞いてきて、相当ウザいからです。

男性脳は、基本、目標（ゴール）がないと、脳がうまく動かせません。「目標を定めて、そこに向けてどうしていくか」という思考スタイルなのです。会話でも「何の話だ？」「結論から言えないのか」なんて言うでしょう？

男性は日々の暮らしにもゴールが必要

会社に行って、責務を果たし、家に帰ってくる。その判で押したような繰り返しも、男性脳にとっては、それほど悪いものではありません。定番のゴールを毎日毎日クリアしていく暮らし。ときに失敗があっても、成果の手ごたえがあり、徐々にでも地位が上がっていき、成果（収入）で家族を食べさせているという自負がある。

そのうえ、妻に感謝でもされれば、ゴール指向型の男性脳にとっては、ゲームに興じているようなものなのでしょう。頑張れば、パワーとポイントが上がり、お姫様に優しくされるのと同じだから。

定年退職すれば、その大いなるゲームが終了します。

趣味のない男性脳は、目標を求めて、家庭内に目を向けることに。妻の家事の「タスク見直し」をして、「これは効率が悪い」なんて小言を言い出す夫もいるはず。そして、妻が完璧な主婦だったりすると、やることがない男性脳は、「ご飯」を目標にするしかなくなってしまうわけ。で、やっと朝の片づけが終わったところに、「昼飯はなんだ？」とか聞いてくるのです。というわけで、無趣味夫は、めちゃウザい。

というわけで、夫に趣味を推奨し、責務を与える必要があります。とはいえ、40歳を過ぎて無趣味の男性は、自分で趣味を探せないかも。最初は夫婦で、何か始めてもいいのでは？　アクティブな趣味でなくてもいいと思います。

定年退職までに準備しておくべきこと

我が家の夫は、昔から革細工や木彫りが得意で、定年退職後、バッグを作るようになりました。彼のバッグインバッグ（化粧品などを立てて入れられる優れもの）は、今やよそ様から注文を受けるほど。先月、誕生祝いにもらったトートバッグは、デパートに並んでいてもおかしくないほどの出来栄えでした。私や息子のおよめちゃんや、友人たちが「こういうバッグが欲しい」とそれぞれに夢を語り、成果を評価してくれるので、彼は日夜研究に励んでいます。

体を動かしてほしかったので、定年退職と同時に、社交ダンスにも誘いました。こちらはタキシードを私が初期投資。形から入る男性脳を刺激してみました（微笑）。

さらに、我が家の洗濯リーダーに任命したら、洗剤から干し方まで、めちゃくちゃ探求して、彼なりの洗濯哲学を展開しています。そう、「したいこと」が見つからなかったら、ミッションをあげるのも1つの手なのです。専門性のある家事を任せるのは、案外、いい道ですよ。

趣味が2つと、家族のための責務。彼の毎日は、それなりに目標に満ちているので、おかげさまで、今のところご飯のメニューも聞いてこないし、ぬれ落ち葉にもなっていません。そうそう、今年から、ミッションがもう1つ増えました。孫の保育園のお迎えと、ベビーシッターさんへの送り迎えです。今は主にベビーカーですが、先月から、自転車に孫を乗せる練習も始めました。

趣味は熱烈推奨し、ひとりで見つけられないなら、夫婦で始める覚悟で。そして、専門性のある家事をいくつか、恭しく任命する。定年退職までに、準備しておくべきことだと思います。

「外出するのは気が引ける」を捨てよう

ついでに、「外出するのは気が引ける」という気持ちも捨てましょう。人生100年時代、定年退職後、まだ30年以上もある……!　気が引けるなんて言ってたら、やってられないでしょう。十分に年老いた日々のことを考えたら、妻が元気に外出できるなんて、祝福してもらっていいくらいですものね!

我が家は、夫が家にいるので、宅配便は受け取ってもらえるし、ちょっとした用事が頼めるし、洗濯は完璧だしで、本当に安心。気持ちよく外出できて、感謝しかありません。

「どこに行くんだ？」「何時に帰る？」——夫の、このことばにひるむという主婦は多いのですが、それ、ひるまないでいいんです。これ、本当に、単なる確認なので。男性脳は、単なる確認をしているだけなのに、妻のほうが夫のことばを裏読みして、勝手に引け目に思ってるってこと、脳科学の光を当ててみると、案外あるんです。

女は、無邪気なほうが勝ち。たとえ、向こうに多少の悪意があっても、妻が無邪気に振る舞えば、「ま、いいか」となるのが、多くの日本男児たちです。自分の夫を信頼して、無邪気に、出かけてみましょうよ。

ケース27 怒りっぽくなった夫への対処法

相談 人間、年をとると怒りっぽくなるもの？

「結婚して35年、子どもも巣立ち、夫とふたり暮らしをしています。昔は優しい夫でしたが、年々、頑固になって怒りっぽくなりました。年齢のせいだとあきらめていますが、ちょっとしたことで文句を言われると腹が立ちます。人間は年をとると怒りっぽくなるものでしょうか。対処法があれば教えてください」（57歳・専業主婦）

回答 頑固で怒りっぽくなったのは、脳が成熟した証

男性は、50代半ばあたりから「頑固で怒りっぽく」なります。脳の成熟に伴う変化で、よほど理性でコントロールできるかたでないと、周囲に気づかれます。

実は女性にもその傾向があるのですが、男性のほうが、より顕著。このため、50代半ばまでに夫婦の間に信頼関係が構築されていないと、このあたりで妻の脳に「離婚」という二文字が浮かぶことに。

想定内の脳の変化で、長年連れ添ったパートナーに愛想を尽かすというのも、なんだか悲しい話。ここは、互いの脳で起こる変化を知っておくべきかもしれません。

脳の性能がよくなったゆえの「頑固」

脳を、装置（入力・演算・出力）に見立てると、私の研究では28年ごとに様相を変えることがわかってきました。28歳までの脳は、入力装置。そして、56歳からの脳は、出力性能が最大に働く期間に入ります。とっさの判断に迷わなくなり、いったん出した答えへの確信が深いのです。

その脳が生きてきた環境においては、誰よりも早く正解を出せるようになります。しかしながら、「他人の領域」においても自分のものさしを使って「勝手に確信の深い答え」を出すので、それが「わからず屋」に見える原因。定年後、家にいるようになったとき、やたら偉そうに家事のやり方を指示したりして、妻に嫌われるのも、このせいです。

当然、家事に関しては、主婦の脳のほうが長けていますし、こちらも56歳以上だと確信が深いので、互いに一歩も譲らず、ぶつかり合うことに。「熟年夫婦危うし！」ですね。

また、自分が誰よりも速く正解（本人にとっての正解）（しかも確信が深い）を出すので、周囲が愚かに見えるのも、56歳からの脳の特徴。特に、自分より経験が少ないと思った相手に対してはそれが顕著で、若者を「世の中、まったくわかってない」と断じたり、専業主婦の妻を見くびったり、とまぁ、ひどいものです。

しかし、本人は、自分の脳の判断スピードが上がったことを知らないので、ただただ周りがもどかしいばかり。「最近の若いものは」と口走ったりして、厄介なオヤジぶりを発揮。これが「頑固」に見える理由ですね。いわば、脳が優秀になったゆえの副作用なのですが、周囲にとっては、ただただ厄介でしょう。しかし、誰もが行く道です。

夫婦の最後の試練

56歳以上のかたに、知っておいてほしいことがあります。56歳をすぎて、「周囲が何もわかってない」と感じたときには、自分の脳が優秀になりすぎているんだな、と考えてみてほしい。周りがついてこられないことに、苛立ちではなく、同情をしてほしい。速く走れる人が、走れない人をいたわるように。

自分だけが正しいように感じたら、それは、自分の脳が狭量になった証。どのような別解にも、「そういう見方もあるかも」と思えることが、実は、脳の柔軟さであり、若さの証です。若い脳は、だからぼんやりして見えるし、ぐだぐだ迷う。その神経信号こそが、脳の進化のためののびしろなのです。

――と、「わからず屋で頑固になったパートナー」に知らせたいものですが、それを受け入れられないのが、成熟脳の悲しいところですね。この、勝手に脳を完成させて、いい気になっているパートナーをどう愛するか。それが、夫婦の最後の試練といっていいかもしれません。

一方で、私たち主婦も、この脳の秘密を知っておかないと、別のことで追いつめられます。なにせ「やるべきこと」が若い頃の何倍も見えちゃってる。

風呂場の蛇口に残った水滴を見たら、それが乾いたあとに、うろこのような跡を遺すことに思い至ってしまう。洗面所の鏡についた指紋も、ハンドソープが残り少ないことも、ゴミ箱がいっぱいなことも、みんなみんな気づいてる。

風呂上がりに、自分の肌と髪に夢中になってる娘を尻目に、ベテラン主婦は、寝るまでにやるべきことが脳内に溢れてくるわけ。それをいちいち家族に頼むとうるさがられたりしてかえってめんどくさいので、たいていは黙ってやるわけだけど、いつしか、自分ばっかりこまねずみのように働いていることに虚しくなってしまいます。なにせ家族は感謝しないから。

感謝しない理由は、見えていないからです。ベテラン主婦が100見えているとしたら、家事をしない男性や若い女性は30くらいしか見えていない。その30さえ遂行すれば、自分は完璧だと信じているので、まったく悪びれもしないのです。

見えているのに、手を出さないのなら性格が悪いわけだけど、見えてないのですから、心根を叱っても、相手はきょとんとするだけ。

世の中は、より見えている側に厳しくできています。できる人ほど、損をする。企業では、できる2割の社員が全体の8割の仕事をする、と言われています。

ベテラン主婦の2つの心得

じゃあ、見えない側に回りたいかというと、私はそうは思わない。家事をうまく回したときの完遂感は、なににも代えがたいから。このくだりを読んでくださっている皆さんも、きっとそうではないでしょうか。ベテラン主婦は、その脳と手を止められない。なんて愛しいことなのかしら。

そんなベテラン主婦におすすめする2つの心得があります。

【1】家族が手伝いもせず感謝をしなくても、それは家族が主婦をなめているからじゃない。自分が優秀すぎて、家族が理解できる域を超えたことを認めて、自分を讃えよう

【2】気づいたことをすべてやってたら、眠る暇もなくなるので、あきらめることを覚えよう

私は「明日できることを今日するな」というイタリアのことわざを、人生の座右の銘にしています。思いついても、今日しなくていいことは、『明日の自分』にメールして、忘れてしまう努力をします。

それと、「えいやっ」と目をつぶって、家事のどれかを家族に丸投げすること。家事をシェアするときは、丸ごと任せます。

家族で家事をシェアしようとすると、結局、一番頼りになるのは同世代の夫の脳なのがわかります。

20代～30代の子どもたちにタスクを投げても、脳の演算速度が遅いので、腰が重い。私たち50代以上の疾走する脳についてこられません。

夫は、引き受けてさえくれれば、自分と同じように成熟している脳なので、仕事のノウハウを家事に当てはめたりして、けっこう頼りがいのあるパートナーになってくれます。

そして、定年が見えてきた夫は、案外観念していて、家事に参加してくれるもの。

夫の家事参加は、妻の愛を呼び戻す

夫が家事に参加し始めたらこっちのもの。理由は3つ。

【1】慣れないことを始めると脳が柔軟になるため、「頑固」が少し減るから

【2】家事が意外にプロの仕事だと知り、妻を見くびらなくなるため、「怒りっぽい」が少しは減るから

【3】なによりも、夫婦に連帯感が生まれるから

我が家の夫は、料理はほとんど手を出さす、昨日作ってくれたチーズトーストが、38年の結婚生活で初めてひとりで作ってくれた朝食、というくらいの人ですが、洗濯リーダーとしては完璧。どんなときにも、洗濯物を心配してくれる使命感には、心を打たれるほどです。

彼が大事に思っているのは間違いなく「使命」なのですが（男性脳の第一優先事項）、私の女性脳は、なんとなく「私のための思いやり」だと思い込みます。つられて夫への愛もよみがえってきたかも。

というわけで、「頑固で怒りっぽくなった夫」ほど、頼りにして甘えて（ときには嘘の体調不良を装ってでも）、家事に巻き込んでしまうこと。夫の脳に少しの改革ができて、ベテラン主婦のジレンマ（自分ばっかかり）も少し軽減できる。せっかくの脳の完成期。ぶっちぎりの演算速度を誇るふたりが上手に寄り添って、「阿吽の呼吸」を作り出してみてください。

ケース28　再びのふたりきり、コミュニケーションの取り方がわからない

相談　これから始まるふたりきりの数十年、どうしたらいいか途方に暮れる

「子どもたち全員が家を出て、夫婦だけの時間が増えました。長女が生まれて以来のことで、22年ぶりです。夫とは、仲が悪いわけでもないのですが、特に会話も多くなく、休日も共に出かけることなどもありません。これから数十年、ふたりきりの時間になりますが、どうすれば夫婦のコミュニケーションを増やすことができるのでしょうか？　夫は優しい性格ですが、お互い趣味などもない状態です」（59歳・パート）

回答　夫婦共通の趣味あるいは目標を持とう

子どもたちが家を出て、再び夫婦ふたりきりになることに怯える人はけっこう多いもの。今さら、互いに見つめ合っても心が動くわけでもなく、どうやって膨大な時間を埋めたらよいのか途方に暮れるばかり……ならば、互いに見つめ合うのではなく、ふたりして同じ方向を向きましょう。

そもそも夫婦は、仲睦まじく楽しく生きていくためのペアではありません。生き残るためのペアなのです。

一般的には、見つめ合うだけで楽しい期間中に子どもができ、それぞれの役割を必死に全うしているうちに、互いのペースと居場所ができて、自然に距離が作られます。そのふたりの間のスペイサー（空間つくり役）だった子どもが家からいなくなった瞬間、どうしてよいかわからなくなる。それが、ご相談者の今の心境であり、多くの夫婦が経験する感情です。

たしかに、子どもができる前は、互いの興味の対象が互いであり、見つめ合っていたのでしょうが、そこに戻る必要はありません。互いでないものを見つめればよいのです。それには、やはり趣味や習い事、社会活動を始めることがおすすめです。

小さな目標を重ねていく趣味

夫婦ふたりの活動は、小さな目標を重ねて大目標を達成するものがベター。我が家では、夫が、私の長年の趣味だった社交ダンスを始めてくれました。ふたりで週1回、レッスンを続けて、年に何回かはパーティで踊ります。ダンスのルーティン（振付）を1つずつ増やしていくのが、とても楽しいのです。

神社仏閣を訪ね歩いて御朱印を集めるとか、ローカル線に片っ端から乗ってみるとか、達成感とともにコツコツ重ねていけることだと、日常の会話でも、話のネタが増えるはず。

ふたりして、新しい習い事に挑戦するのもよいですね。韓国語やイタリア語など、未知の外国語を習い始めるのもよいかもしれませんし、パン作り、蕎麦打ち、畑作りなんていう手もあり。初めてのことを一緒に始めるのは、夫婦にはとても向いています。感性の違うふたりは、気づくことや得意なことが違うので、自分ができないことを相手が軽々とやってのけたり、その逆もあったりして、尊敬し合える関係になれるからです。

どうしても趣味が見つからないときは、ペットを飼うのも1つの手です。たとえば、保護猫を引き取って、もう一度、ふたりで命を育むのも悪くないかもしれません。

というわけで、お互い趣味もなく……なんて言ってる場合じゃないです。ふたりが同じ方向を見て、共に歩むための目標が、夫婦にはどうしたって不可欠。子育てはその最たるものだっただけに、それを失ったショックが大きいわけ。急ぎ、新たな目標を見つけてくださいね。

ケース29　夫婦の旅はハーフ&ハーフ

相談　行きあたりばったりVS計画ばっちり、そんなふたりの快適な旅のしかたは？

「コロナ禍が落ち着いてきて夫婦で旅行に行こうと思っているのですが、私は予定を細かく決めずにいろんなところに行きたい派。でも、夫は自分が行きたいところを決めて、予定通り回らないと気が済みません。結局、いつも私がそれに合わせることに。夫婦でどう折り合いをつけるといいのでしょうか？」（54歳・会社員）

回答 ほとんどの夫婦が「計画遂行派」と「一期一会派」の組み合わせ

人類は、段取りせずにはいられない人と、行きあたりばったりを楽しむ人の2種類でできています。のちに詳しく述べますが、これは、なんと、生まれつき決まっている骨の制御方式の違いから生じる性格。つまり、変えられないんです。

そして、多くの夫婦が、違うタイプの組み合わせ（動物の雌雄は、自分と違う特徴を持った相手に惚れるようにプログラミングされている）。つまり、夫婦旅は、たいてい、段取りせずにはいられない計画遂行派と、気分で動いて出逢いを楽しみたい一期一会派の一騎打ちに。

というわけで、この悩みは、普遍の悩みと言っていいのかもしれません。

夫婦旅の3つの原則

我が家も夫が計画遂行派で、私が一期一会派。私自身はひたすらありがたいばかりです。夫はツアーガイドのようなもの。昨年（2022年）も、長野の善光寺の御開帳にふたりで行ったのですが、夫の「計画し尽くした無駄のない動線」、それにあらゆる解説が付き、名物の食べ物も外さないので、めちゃ便利なのです。

ただ、私が夫の計画旅を楽しめる理由が3つあります。

【1】滞在型の旅と観光型の旅を、意図的にどちらも企画する

【2】旅の中で、夫婦別行動の時間も持つ

【3】口数は少なめに

船旅やアクティビティ（娯楽施設や体験プログラム）満載のリゾートホテルでは、夫婦別行動が可能なので、タイプの違う夫婦でもストレスなく共存できます。滞在型の旅のときは、我が家は「朝から精力的にアクティビティをこなす夫」と「ブラブラしながらミステリー小説を読破する妻」になります。

およめちゃんも夫と同じ計画遂行派なので、彼女と1週間ほど船旅をしたときも、その組み合わせになりました。船旅では、夕飯後、翌日のイベント一覧と各種レストランのメニューが届くので、計画遂行派のおよめちゃんが、いろいろ吟味して、私に解説してくれます（私はリストを観るのもめんどくさい）。したいことが違うので、たいていは別行動になり、レストランで待ち合わせをして、食事だけ一緒にする毎日でした。けれど、食事時に、互いにしたことを話したり聞いたりするのが、うんと楽しい。タイプの違うふたりにおすすめのスタイルです。

観光型のときは、移動するので、そう別行動というわけにもいきません。それでも、夫が博物館をめぐる間、私はカフェ、なんてことも。

というのも、観光型のときは、事前に行程をプレゼンしてもらって、私から間引きのお願いをしているんです。聞き入れてもらえなくても、「じゃ、ここは別行動で」としやすくなります。

計画遂行型の人は、「計画どおりに事が進むこと」が快感で、当日いきなりの変更はかなりのストレス。このため、その場で「疲れたから、私はカフェで待ってるから行ってきて」は、かなり気が滅入るのです。

事前に、「ここは、ゆったり派の私にはスペック・オーバー。私はこのあたりでぶらぶらしとくね」と発言しておけば、スムーズです。

主導権を交換する

観光型の旅では、計画遂行型に主導権を預けます。一期一会派は、観光型の旅では、計画遂行型をツアーガイドだと思って頼りにするのが一番。その上で「事前に」間引きのお願いをし、夫婦別行動も視野に入れておくべき。

一方、滞在型の旅のときは、一期一会派のペースに乗っかって。飛行機や電車の時間も気にしないでいいのですから、そんなにシャカリキにならなくてもいいはず。

こうして、夫婦旅を2種類にわけて、それぞれに主導権をゆるやかに交換すれば、ストレスも少ないのではないでしょうか。

夫婦円満のコツは、しゃべらないこと

そして最後に、男女は「ものの見方、感じ方、表現のしかた、こだわるもの」が正反対

の相手に惚れる組み合わせ。しかも、子育てのために、その違いが一層強まる傾向に。つまり、夫婦は、はっきり言って、この世で一番共感しにくい関係なんです。

垂れ流すように会話するよりも、穏やかに一緒にいて、少しの厳選したことばを交わすべき。

したがって、夫婦の旅は、一緒に景色や味を楽しみ、ことば数は少なめで、が正解です。その少ない会話は、すべて共感で始めること。夫も妻も、です。相手の言ったことを「いいね」か「わかる」か「そうか」「そうね」で受けること。

ボディタイプが違えば、この世の正義が違う

さて、冒頭にちらりと申し上げた通り、人類のとっさの感性は、大きく2種類にわけられます。生まれつきの骨の制御方式が、大きくわけて2種類あるからです。

力が指先に集中するタイプ（以後、指先タイプ）と、手のひら（鉄棒でマメができる場所）に集中するタイプ（以後、手のひらタイプ）です。

指先タイプは、つり革につかまるとき、指先をひっかけます。握りこむよりも安定して

立てるからです。手のひらタイプは、つり革を握りこみます。指先だけでは、外れてしまいそうだからです。

指先タイプは、ペットボトルの水を飲むとき、手首でくいっとコントロールします。顔はやや下向きになる感じ。手のひらタイプは、ひじでコントロールするので、かなりあって飲むことになります。顔は、けっこう空を仰ぎます。ちなみに、手のひらタイプは、固いキャップを開けるとき、指先では力が集中できないので、指のつけ根の関節に挟んで最初の一回しをします。

指先タイプは、歩き出すとき、胸から前に出ます。前のめりに、2～3歩止まれない感じで歩き始めます。手のひらタイプは、ひざを使って前に出るので、土踏まずに体重を集めて、ふわりと歩き出します。歩き出しの制御が効くタイプです。

さて、指先タイプは、歩き出したら止まれない身体で生きているので、「先へ先へ段取りしないと不安」なのです。手のひらタイプは、土踏まずにいったん力を溜めてから歩き出すので、動き始めてからでも、いくらでも方向を変えられるしなやかな身体の持ち主。

このため「不測の事態に強く、あまり準備の必要性を感じない」のです。

というわけで、多くの指先タイプが計画遂行派、多くの手のひらタイプが一期一会派となります。もちろん、育ちや職業上の癖でも性格は変わりますので、100％とは言えませんが。


夫婦は、けっこう違うタイプが多いので、とっさの身のこなしも違います。台所で互いが邪魔になったり、使いやすい道具も違ってきます。そうそう、逆上がりのしかたも、スキップのしかたも、縄跳びの跳び方も、自転車の乗り方も違います。子どもや孫に、それらを教えるとき、タイプの違う人が教えると仇になるので、気をつけて。

たとえば、指先タイプの家族に「急な予定変更」は酷と心得て。手のひらタイプの家族の遅刻癖（夏休みの宿題は8月後半まで着手もしない）も、できれば大目に見てあげて。

ボディタイプが違えば、「この世の正解」も違うってこと。知っておくと、家族間のイライラがけっこう消えていきます。

おわりに

ここに掲載した29個の妻たちの悩みは、多くの妻が共感する「夫婦あるある」。目次だけ読んでいると、「ほんと、男って、うんざりだわ」と言いたくなるような、妻の定番のため息が並んでいる。――でもね、本当に夫だけが悪いの？

回答を見ていただくとわかる通り、すべて夫が悪いってわけでもない。ざっくり言って、全体の30％は「男性脳の特質」なので認めてあげて（あきらめてあげて）ほしいこと、30％は妻の工夫で変えられること、そして残りの40％が夫に気づいてほしいこと。

夫婦の壁は、２つの正義のせめぎ合い。どちらも完全に自分が正しいと思っているから、相手が１００％悪いように感じてしまうわけ。

でもね、互いの脳が、人類の果たすべき2つのミッションをわけ合って持っている、完璧なペアだってわかれば、あらあら不思議、相手の誠意が見えてきて、夫婦の壁はするすると消えていくのである。

どうにも乗り越えられない夫婦の壁にため息をつきながら、この本の最初のページを開いたあなたに、今、ほんの少しでも、夫婦の壁が消える現象が起こっているといいなと、願うように思う。

この本の原稿は、小学館の「8760 by postseven」というウェブメディアで連載されたQ&A集をもとに、全体に加筆修正して、ここにまとめさせていただいた。

もともとの連載に際しては、小学館の高山美穂さんがとても熱心に取材し、記事にしてくださった。そして、同じく小学館の大橋拓哉さんが、新書にまとめることを提案してくださり、「夫婦の壁」という素敵なタイトルをつけてくださった。

お二人の尽力がなかったら、この本は誕生していなかった。この場を借りて、深く御礼申し上げます。

そして、なにより、最後まで読んでくださったあなたに、心からのありがとうを伝えたい。

夫婦の悩みは、永遠に尽きない。なぜなら、夫婦の脳は、よりよい子孫を残すためと、確実に生き残るために、葛藤し合うように作られているから。長い夫婦生活を余儀なくされた21世紀の夫婦には、そのことを腹に落としたうえで、どうしたら寄り添えるかの戦略が要る。

人工知能の研究の途上で、そのことを知ったとき、この世のすべての夫婦に、その真実を知ってもらいたいと思うようになった。

こうして、夫婦のための一冊の本が誕生して、それを読んでくださる人がいる。そのことが、私の願いを着々と実現してくれているのだと思うと、本当に胸が熱くなる。

読んでくださって、本当に、ありがとう。

夫婦の「うんざり」が、1つでも、くすりと笑えるユーモアに変えられたら、私の本望です。皆さまの明日が、ほんの少し、楽になりますように、心を込めて。

2023年6月、大雨の日に

黒川伊保子［くろかわ・いほこ］
1959年長野県生まれ。人工知能研究者、脳科学コメンテイター、感性アナリスト、随筆家。奈良女子大学理学部物理学科卒業。コンピュータメーカーでAI開発に携わり、脳とことばの研究を始める。1991年に全国の原子力発電所で稼働した、〝世界初〟と言われた日本語対話型コンピュータを開発。また、AI分析の手法を用いて、世界初の語感分析法である「サブリミナル・インプレッション導出法」を開発し、マーケティングの世界に新境地を開拓した感性分析の第一人者。著書に『妻のトリセツ』『夫のトリセツ』（講談社）『思春期のトリセツ』（小学館）『60歳のトリセツ』（扶桑社）など多数。

編集：大橋拓哉

夫婦の壁

二〇二三年　八月六日　初版第一刷発行

著者　黒川伊保子
発行人　鶴田祐一
発行所　株式会社小学館
〒一〇一－八〇〇一　東京都千代田区一ツ橋二ノ三ノ一
電話　編集：〇三－三二三〇－五五八二
販売：〇三－五二八一－三五五五

印刷・製本　中央精版印刷株式会社

© Ihoko Kurokawa 2023
Printed in Japan ISBN978－4－09－825453－8
造本には十分注意しておりますが、印刷、製本など製造上の不備がございましたら「制作局コールセンター」（フリーダイヤル　〇一二〇－三三六－三四〇）にご連絡ください（電話受付は土・日・祝休日を除く九：三〇～一七：三〇）。本書の無断での複写（コピー）、上演、放送等の二次利用、翻案等は、著作権法上の例外を除き禁じられています。本書の電子データ化などの無断複製は著作権法上の例外を除き禁じられています。代行業者等の第三者による本書の電子的複製も認められておりません。

小学館新書

好評既刊ラインナップ

世界はなぜ地獄になるのか

橘 玲 457

「誰もが自分らしく生きられる社会」の実現を目指す「社会正義」の運動が、キャンセルカルチャーという異形のものへと変貌していくのはなぜなのか。リベラル化が進む社会の光と闇を、ベストセラー作家が炙り出す。

夫婦の壁

黒川伊保子 453

夫婦の間にたちはだかる高くて厚い「壁」——。コロナ禍以降、著者に寄せられた悩み 29 ケースから「夫婦の壁」の驚くべき実態と乗り越える方法を明らかにしている。人生 100 年時代に必読の夫婦の「シン・トリセツ」。

感染症・微生物学講義
人類の歴史は疫病とともにあった

岡田晴恵 455

「感染症の時代」といわれる現代において、自分や家族の命を守るために必要な最低限の知識を、感染免疫学の専門家である著者が丁寧に解説。コロナ禍を経験した今だからこそ必読の、感染症入門書の決定版。

キャンサーロスト
「がん罹患後」をどう生きるか

花木裕介 456

今やがんは「死に至る病」ではなく「生涯付き合っていく病」で、罹患者の3分の1が現役世代。復職や収入減、マイホーム計画など、がんを抱えながら生きる難しさ（キャンサーロスト）に向き合う方法をまとめた一冊。

戦国秘史秘伝
天下人、海賊、忍者と一揆の時代

藤田達生 458

「桶狭間合戦は知多半島争奪戦」「本能寺の変の動機と密書」「家康伊賀越え、実は甲賀越えだった」などスリリングな論稿多数。さらに「植民地化を防いだ秀吉の功績」「弘前藩重臣になった三成遺児」など、充実の戦国史論。

無理ゲー社会

橘 玲 400

才能ある者にとってはユートピア、それ以外にとってはディストピア——。遺伝ガチャで人生は決まるのか？　ベストセラー作家が知能格差のタブーに踏み込み、リベラルな社会の「残酷な構造」を解き明かす衝撃作。